隱密處

THE SECRET PLACE

神就坐在你身邊

杜浦雷（William J. Dupley）著
劉如菁 譯

・本書所引用聖經經文取自《新標點和合本》

隱密處

遇見神的地方

顯明你在神國度與社會中的身分和角色

杜浦雷（William J. Dupley）

・本書所引用聖經經文取自《新標點和合本》

題獻

致賢妻蘇珊（Susan）及家人，

是你們鼓勵我將我在主面前的隱密處分享出來；

致馬克·尉克勒（Mark Virkler），

是你教導我如何傾聽神的聲音。

致謝

感謝所有幫助我認識我的天父的人，若無他們的幫助，我就不可能寫出這本書。

感謝弗萊德・富爾福（Fred Fulford）牧師，謝謝他投入許多時間與愛心教導我認識神的道，他的牧養關顧一直是我的榜樣。

感謝約翰・亞諾特（John Arnott）牧師的關心與啟迪，謝謝他教導我認識天父對我的心意，又讓我看見在復興之火底下的恩典是什麼樣子。

感謝史蒂夫・隆恩（Steve Long）牧師，謝謝他花很多時間讀我的日誌，幫助我保持在正道上。

感謝賢妻蘇（Sue），和愛女 Heather，謝謝她們辛苦地閱讀這本書的初稿，而且有勇氣告訴我還要再改進。

感謝家父讓我看到一個父親為了他心愛的家人的付出。

非常感謝舍妹 Catherine Bowes 的潤稿，確保這本書通順易讀。

謝謝 Heather Sinnott 和 Nancy Young 分享美好的藝術天分，使我的隱密處的畫面生動起來。

目錄

聯合推薦

比爾，你幫助了許多人踏上傾聽神的聲音的旅程，並使所聽見與所想像的獲得證實，你做得很好。你與父神的親密關係也非常令人嚮往。

史蒂夫・隆恩（Steve Long）
多倫多Catch the Fire教會（原多倫多機場教會）
主任牧師

比爾・杜浦雷的這本書，召喚讀者去挖掘歷史上具有影響力的信徒——祈里（Thomas Kelly）、亞維拉的德蘭（Theresa of Avila）、熱那亞的聖嘉琳（Catherine of Genoa）等人——的豐富靈命。《隱密處》這本書顯然是作者美好的生命與事奉的祕訣，書中描述他個人與父神的親密關係，可能會令讀者驚奇；也會對許多人激發新的渴慕——如同對我一樣，我渴望使自己的隱密處再次更新。在21世紀的今天很少有信徒像比爾這樣，自然又謙遜地展現超自然的生命，堪稱給現代人看的「天國預告片」。

弗萊德・富爾福（Fred Fulford）
加拿大卑詩省薩米特太平洋學院（Summit Pacific College）
教牧神學主任

我們每日生活的細節，神都非常關心，這真是令人鼓舞，並且只要我們選擇不倚靠自己的聰明，而是隨從神的引導，其結果將是驚人的，而且永不止息。謝謝你，比爾，跟我們分享你與神的親密之旅。你真的是一個蒙愛的兒子，又是為他人披荊斬棘的先鋒。能夠讀到神所賜給你的話語，是我的福氣！這些話語奇妙無比，這些操練如此真實又切身……我要親身實踐！

雷克羅芙（Mary Audrey Raycroft）

釋放生命者裝備事工（Releasers of Life Equipping Ministry）
創辦人

作者用這本書打開一扇通往天上的門，又說：「上來這裡吧。」然後發現我們已經坐在天上而不自知！本書並非召喚我們複製作者的經驗，而是要自己去經歷。這本書教我們實際的方法，只要打開心門，投入天父懷中，必將發現天父的愛多麼不可思議。我感到阿爸天父正在期待當祂的兒女讀這本書時與祂面對面相遇。

伍茲（David Wuyts）

英國生命之家，科爾切斯特豐收夥伴教會
（The Lifehouse, a Partners in Harvest Church in Colchester）

序1

拓荒先鋒

這本書是拓荒先鋒，書中指示讀者如何擁有自己與主的隱密處，每天進入並領受從神來的美好啟示。比爾，你的這些故事激勵了我們裡面的信心，鼓勵我們跨出去嘗試你所做的事，去發掘那些事會如何在我們生命中起作用。

你拆掉了神聖與世俗之間的牆，讓我們看到啟示是如何貫穿生命的全部：醫治我們的心靈，醫治我們的家庭，個人的方向，以及工作上的協助。你也給我們許多寫日誌的操練，讓我們從一開始就踏上正確的途徑。為這本書對神國度的貢獻獻上感謝，相信必有許多人的生命因它而改變。

馬克・蔚克勒（Mark Virkler）
基督徒領袖大學（Christian Leadership University）校長
與神相交事工（Communion with God Ministries）
3792 Broadway St., Buffalo, NY 14227
《疾風細雨——如何聽神的聲音》（道聲出版）作者

序2

改變生命

自從2011年初杜浦雷夫婦引介「隱密處」以來，我們有幸目睹許許多多的人深受影響而改變生命。作者夫婦在加拿大頌泉事工教導「隱密處」已久，不但在以賽亞61事奉學校（Isaiah 61 Ministry School）裡教，也作為一個獨立的研討會主題。而無論是在事奉學校或在研討會裡教導，都帶出很深的影響，引導人進入與天父真實的親密關係裡。我們的學生有很多來自臺灣和亞洲各地，而他們都發現這啟示大大地改變了他們的生命，他們持續在「隱密處」經歷的基礎上，於小組的環境中享受與神的親密關係。感謝杜浦雷夫婦和他們所帶來的隱密處事奉，使我們蒙受恩福。

喬伊絲（Joyce Chadwick）

加拿大頌泉事工執行長（Singing Waters Ministries, Canada）

序 3

認識天父的慈愛

初信主的時候，聖靈賜給我一個異夢，改變了我如何看神是天父的這個角色。夢裡一開始我發現自己回到十二歲那年，去到小時候我地上的父親多次答應要帶我去的那間小木屋。在這異夢以前，那間小木屋代表的是我內心對父親深深的失望和苦毒。夢中我一進木屋，就立刻聞到剛起鍋的肉桂捲和培根炒蛋發出的濃濃香甜味，我的注意力完全被香味吸引，食慾大開的我直接朝廚房走去，驚喜地發現有一桌盛宴，是我的天父特地為我準備的。而最大的驚喜是，我的阿爸父、我的天父爸爸照我的本相，而非按我應該怎樣，無條件地愛我！

那經歷改變更新了我與天父的關係，讀這本書時，我再次想到那經歷，我能體會作者所描寫在他的隱密處與主相會的經歷。他和我都曾在天父超自然的造訪中深切體會祂的父愛。

我們都需要認識天父的慈愛，祂充滿慈愛而且慷慨，祂把全部的時間保留給我們，當祂對我們說話，就好像全世界只有我一個人。在祂面前，我們可以完全坦露內心真正的感受，在祂沒有定罪、沒有羞愧，只有接納。祂的心意是要使我們的心甦醒，祂要與我們建立深入的親密關係。惟有當我們選擇花時間來到祂面前，才有可能建立這樣的關係。

隱密處就是我們與神建立親密關係之處。我們在那裡領受智慧、洞見、接納與盼望。我們都需要營造一個單獨與神相會的隱密處。祂正在你的隱密處等候著你，要讓你體會祂的父愛。

我要鼓勵你在讀這本書的時候，把心靈的焦點放在使你信心創始成終的那一位，聽神的聲音，讓祂的話語使你的心靈甦醒，讓祂作你的父。作者在這本書中非常坦白地道出他內心的掙扎，還有神如何輔導他的心靈。不過我讀作者的真實經歷時，很能感同身受，我知道他所面對的挑戰和問題，也是許多人都面對的，因此神給他的指引，對我們也一樣受用。主會賜給我們非常實際又實用的方式，解決我們真正的問題。這是我們可以對天父抱持的期待，但是必須先從我們向祂坦誠開始，並且我們要花時間來到祂面前，才能夠領受祂的指引。祝福你從作者的真實見證中大得激勵，並且發展出屬於你跟天父的隱密處。

彼得・傑克森牧師（Rev. Peter Jackson）
阿爸父事工（Abba Father Ministries）
頌泉事工巡迴講員（Itinerant Minister Singing Waters）

前言

住在至高者隱密處的，必住在全能者的蔭下。[1]

人皆渴望知道自己生在世上的目的。想要認識神和神對他們的計畫，是人與生俱來的渴望。解開這知識的鑰匙，就是學習如何聽見神的聲音。本書寫作目的在說明如何聽見神的聲音，以及如何培養與神的親密關係。我們與神培養這關係的地方就叫做：隱密處。

本書是我與主的隱密處的記敘。它是真實故事，不是虛構的。本書所描述的細節全都是曾經發生在我身上的，並且我持續在這隱密處與我的天父相遇——幾乎是每一天。我在本書中描述其物理特徵，在那裡曾發生過的事，以及神如何教導我有關祂的性格與慈愛的事。

我們的天父談到有一個地方叫隱密處，那是保護、安全及與神密契的應許。在這地方，亞伯拉罕遇見了神，而且跟神說話，就像人與人交談一樣。每一個信徒都可以在這裡遇見神，與神面對面。

我的天父藉一連串異象讓我看見，這是一個非常真實的地方。在這裡我們與祂相遇，無所不談，從做生意到養育兒女，且可領受直接從祂而來具體又實際的智慧言語。在這裡，可以分享我們真正的感受和恐懼，我們跟祂培養關係。在這裡，我們的天父作為父親教養我們。隱密處是屬於個人的，我的隱密處跟別人的不盡相同。你的隱密處就是可以很舒服自在地與你的天父在一起的地方。

對許多讀者而言，可以天天聽見神的聲音，可能是個全新的觀念。我從小在基督教家庭中長大，二十二歲那年信主得救。接下來的十四年裡，我忠心地上教會，甚至入讀聖經學校，但依舊不知道如何聽見神的聲音。

1992年，有人邀請我去多倫多一間小小的葡萄園教會，我在那裡認識了馬克・尉克勒（Mark Virkler），他跟我保證，我可以學習聽見神的聲音。他說神對祂的羊說話，祂的羊認得祂的聲音，所以如果你不是持續地聽見神的聲音，要麼你不是祂的羊，要麼你不懂怎麼聽。[2]那對我是個挑戰。我知道我是祂的羊，所以我想我必定是不懂如何聽見神的聲音。

那一天馬克跟我們介紹了符合聖經的古老方法，我真的聽見了神的聲音。過去二十年來不知多少人用了這古法，而聽見神的聲音。那是我踏上旅程的第一步。這方法簡單之至，叫我難以置信，但它就是這麼簡單，而我從此徹底改變。

願這本書鼓勵你與主培養親密關係，並且找到屬於你跟祂的隱密處。

杜浦雷謹上

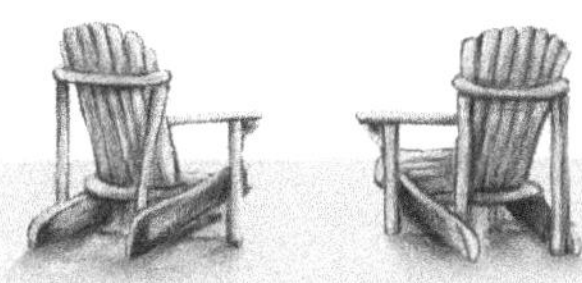

個人行動準備

本書是特地為幫助你培養與主的關係而寫的。每一章最後都有個人行動部分，你將被要求把神對你說的話寫下來，你需要這樣操練。但因你所寫的話多半是個人隱私，所以我建議將神對你說的話寫在一本專用的筆記本上，並準備與一位你信得過的朋友分享，這可幫助你開始寫你個人的日誌，記錄你如何發展與主親密溝通的隱密處。

如果你從未聽見神的聲音，或時斷時續，我鼓勵你先閱讀附錄A，學習如何持續聽見神的聲音。

第1章

休息，休息，休息

有一天主對我說話，祂說：「比爾，你需要休息。」

我說：「好的，主。」然後我就去工作了。內人早就說我從不休息，總是忙忙碌碌。我的孩子也這麼說。對我而言，窩在沙發裡或躺在沙灘上，並不怎麼有吸引力——那並不會帶給我快樂。我喜歡忙碌，喜歡做事情，所以休息是我不了解的一件事，講白了，我不想休息。

每一次我與主交談，祂就說：「比爾，你需要休息。」

我就說：「好的，主。」然後就去工作。

有一天，祂說：「比爾，你需要休息，休息，休息。」

我說：「主啊，我不懂祢『休息，休息，休息』這話的意思。」

就在那時，我腦海中出現一個景象，我看見我自己在砍柴、堆柴，汗流滿面。我看著那畫面時，主拉遠鏡頭，我看見我所堆的木柴已經排了30多公里長，主說：「比爾，你的木柴已經夠多了。」我隨即看見一個石砌的壁爐，主正取我所劈的木柴放進爐中，然後點火。爐火溫暖了我。

在壁爐前方有兩張紅皮革高背扶手椅，祂邀請我坐在其中一張，祂坐另一張，正當我享受著爐火的溫暖與主的陪伴時，彷彿有一股很深的休息流到我靈裡。我感到平安與休息，我可以整天坐在那裡，毫無焦慮不安，也不覺得需要起身去做什麼。我能看到主，但看不見祂的臉。祂說：「比爾，當我說你需要休息，我的意思就是這樣。我要你來，坐在這把椅子上，花時間跟我在一起，我要對你說話。」

那次經歷之後的每一天，我都以回想那個畫面、坐在那張紅色皮革椅上，作為一天的開始。有時候主沒有坐在那裡，但

最終祂總是會過來。我會注視著祂，我們會討論即將開始的這一天，祂指教我許多事。

有一天，主沒有來，我環顧壁爐所在的房間才知道原來這是一間農舍，我看到一張圓形餐桌、兩把餐椅，窗邊則有一張床。這時我才注意到有一個前門，於是我從前門走到有遮頂的露臺，看到主坐在一張搖椅上，旁邊有張一模一樣的搖椅，祂邀我坐在祂旁邊。我第一次能夠看到祂的臉，我可以看到祂的眼睛、祂的微笑；祂的笑容中有種一切了然於胸的篤定。我被祂吸引住了，我想要一直看著祂，跟祂說話，與祂面對面。

我們交談時，我發現這遮頂的露臺是環繞著農舍四周圍的，而且有護欄，農舍座落於湖畔，有一個藍色的碼頭伸入湖面。農舍右邊是一棟兩層樓的房子，前門很大，是雙門扇的。左邊是一個很大的馬場，尖椿的白色柵門約有1.5公尺高，是關閉的。沿著圍籬邊有一條路，路的盡頭可見一個小型白色穀倉。農舍的正前方有一棵樹，枝幹全被砍掉了，所以看起來毫無生氣。湖的那一頭則是林木茂密的山丘。

主說：「想不想賽跑？」

我說：「好啊。」主就起跑，跑到水邊，我緊追在後。祂跑上碼頭，接著在水面上奔跑，我也跟著跑到水面上。眼看我快跟不上祂了，於是我向前一躍撲倒祂，我們在水面上翻了跟斗，一起大笑，這個幽默的情況改變了我的心境。

自從主第一次帶我到這個地方，到現在我已經來過上千遍了。每一天我的第一件事就是對主說：「主，今天祢想在哪裡與我相會？」過不久，我就能在這特別的地方見到祂。在這裡我們會面交談，我也學到了休息。

那經歷過了幾個月以後，我下班開車返家途中，突然覺得胸痛得不得了。前一陣子我就開始不時胸痛，我以為是胃脹氣，就服用制酸劑，但是疼痛並未見好。那時候我正在為當地一家鋼鐵工廠重新架設網路，這個大案子很麻煩，而我的胸痛有增無減。我打電話給我的家庭醫生，他要我馬上去醫院做檢查。

我立刻被安排入院，做心電圖檢查，原來我有嚴重的心絞痛，醫生開了藥，把我轉入單人病房，又給我氧氣和「救心」（硝化甘油舌下錠）。但胸痛仍在，我知道大勢不妙。

躺在病床上的我覺察房間裡有一位天使，我雖閉著眼睛，但在腦海中可以看到他，當我睜開雙眼環顧房間，仍可看到腦海中那個天使的影像。我用我的眼睛看著房間，用心靈的眼睛看著天使，兩個影像在我腦海中重疊，我可以看見天使站在那裡，也看到他的模樣。那是一位穿著全副軍裝的爭戰天使，他身上有一把劍、一副鏈甲和頭盔。主說：「比爾，你升級了，現在這位爭戰天使是指派給你的。」那個主日晚上我禱告祈求神醫治我。

週一早上，我被推去做血管造影（動脈攝影），那位天使跟著我進手術室。我人雖躺在手術室，但在我心靈的眼睛裡，我看到自己坐在那張紅色皮革椅上。為我做血管造影的醫生驚奇地發現，我的血管沒有阻塞，並且我的血壓和膽固醇指數都降下來了。他說我的身體沒問題了，只除了一件事，我的動脈不是照正常的方式連結到心臟。在這過程中我的疼痛離開了，從那時到現在，心絞痛不曾復發。

後來我問主關於這件事，祂這樣對我說：

兒子，

你沒有把你工作的重擔交給我。你一直把焦點放在自己的能力上。我是你的力量，我是你的供應者，你不是一頭駝重擔的獸，而我的軛是容易的。如果你背負的軛是不對的，你心裡就緊張，憂慮就來，壓力呈現，你的身體就越來越差。鋼鐵工廠的那個案子就是這樣。永遠要把你的工作和工作的擔子帶到我這裡來，我會給你正確的軛，你以為你應該背的軛，其實不是你應該背負的。

兒子，

你這一生一直為養家而奮鬥，也想辦法讓薪水提高。你是一個能幹的員工，我讚賞你的殷勤，但你擔的責任太多了。不是你責任範圍內的事，你也去做；我必須常常跟你講這件事。你的責任是對人要誠實，對我要倚靠。

愛你的爸爸

神是醫治人的神，祂醫治我們的身體，也醫治心靈。我的心臟很快就痊癒了；不過，我的心靈得花更長的時間才能治好。隨著我持續花時間到主面前，我的心靈也被祂治好了。

個人行動

主告訴我們有一隱密處[3]，祂邀我們與祂同住。我鼓勵你去求問神，問祂想要在哪裡與你相會，祂為你預備的隱密處在哪裡。如附錄所描述的，我發現最好的做法永遠是先將心靈的眼睛專注於神，然後把你的意念寫下來。至於怎麼做，我推薦的做法是，把一個有耶穌在裡面的聖經故事放在腦海裡，當你在腦海裡看到場景也看見耶穌時，就專心注視祂，當你能看見祂，你全副心思都放在祂身上，這時你可以求問：

1. 主啊，祢想要在哪裡與我相會？

2. 把神對你說的話或顯明的事寫下來。

3. 打電話給一個朋友，把你的領受唸給他聽。

4. 問那位朋友是否心裡同證這些領受是從主來的。

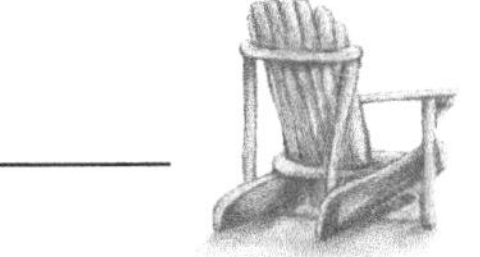

第2章
農舍

我的隱密處有很多部分，主選擇與我會面的地點通常有助於學習功課和強化信息。

有一天我坐在壁爐前的皮椅上等候，但是主沒有來。我呼求主，祂還是沒來。我從椅子上站起來往前門走，一出去就看見主坐在前門露臺左側的底端。我走上前，問祂：「我呼叫祢時，為什麼沒有回答我呢？」

「我喜歡你來找我。」祂笑容滿面地說。

又有一次我為工作上的事情而不高興，別人比我先升職，顯然是偏袒、不公平。我不但比較年長、經驗比較豐富、教育程度較高，而且比較資深。我很不高興，所以就去找主。我等候祂，可祂又是不在紅皮椅這裡，我環顧屋內，看到祂坐在圓形餐桌旁，面對著一副棋盤。不發一語地研究棋盤良久，才終於移動一只棋子，然後祂看著我，說：「孩子，是我移動棋盤上的棋子。」

我的靈裡立刻知罪了，我一直以為是人掌握大權，但神提醒我，是祂掌權。主以下棋為例，讓我看到是祂掌管我的升遷，不是人掌管。我為自己未能倚靠祂而認罪悔改，並原諒那些我覺得無視我的人。我承認是我的天父掌管一切。那天我學到一件事，祂關上不應該開啟的門，而祂所打開的門，無人能關。

果醬小屋

某個週末內人與我到另一個城市服事。返家後我去找主，我看到祂在果園裡。屋舍後方是一個果園，種有兩排果樹，樹上長滿了果子。有些枝條因為果實纍纍，沉重到必須靠支撐才行。地上有一些大木桶，我看到主在採果子，把採下的果子放進桶子。

那果子的顏色近似蘋果，但是大很多，跟韓國梨差不多。祂抱起一桶果實，我們朝果園邊上的一間小屋走去，那間屋子非常漂亮，跟農舍不一樣。農舍是木頭蓋的，而這間小木屋讓我想到瑞士木屋，它被漆成白色的，屋

頂裝飾白色波浪型屋簷。有遮頂的露臺圍著紡錘形狀的欄杆，同樣漆成白色的。

我們走進屋內，正中央有一張大桌子，四面牆都是一排排層架，架上排著小罐的梅森果醬，每一只罐子都細心地貼著標籤。主從桶子裡取出剛採下的果實，處理後裝進一個新的罐子裡。然後仔細地貼上標籤，擺到架上。祂說：「兒子，這是你這個週末生產的果子。」我注意看那一排排果醬罐，上面寫著我們去服事過的地名。我明白了，原來主把我們為祂做的每一件事都記錄下來，還細心地在每一份成果上貼標籤。

生產水果是要花時間的。我們的天父是園丁，祂栽培我們，好讓我們產出最美的果實。不過在這過程中，我們也有責任的。關於這件事，以下是主對我說的話：

兒子，

我曾鼓勵你寫這本書。你需要寫這本書，不過，寫作和出版是耗時費力的，要花工夫。按照神的設計，我們是要攜手合作的。一套軛有兩端，一個為我、一個為你。我們要一起拉這擔子直到完成。我所挑的擔子跟你的不同，你受造是為負起一個特別的擔子。

兒子，

你仍需要負起你那部分的擔子，直到工作完成。我將賜你寫作的靈感，我會提供智慧和人力來幫助你出版這書。我會使你在編輯眼前蒙恩，我會帶人來買你這書，但你必須寫；你不寫出來，就沒有後面這一切。神國的運作方式就是這樣，我們要一起建造，你有你該做的部分，我也做我的部分；但若你不做你該做的部分，其餘的就都不會發生。

愛你的爸爸

主鼓勵我們憑信心跨出去，但這並不代表我們必須有好表現，祂才會愛我們。神照我們的本相愛我們。就算我們從來不為神多做一件事，祂對我們的愛也不會少一分，而假使我們成為下一個葛培理（Billy Graham），祂對我們的愛並不會因此變多。神愛我們是因我們是祂的兒女，不是因為我們為祂做了什麼。祂的愛也不是隨我們愛祂多少而增減。聖經明說：「惟有基督在我們還作罪人的時候為我們死，神的愛就在此向我們顯明了。」[4]意思很簡單，在我們還不曾為祂做過任何事情、甚至還沒做過什麼好事之前，祂就愛我們了。神就是愛。

然而，神記念我們為祂做的每一件事。我們的善心行動，和服務別人的舉手之勞，祂都珍惜。祂把那些行為看作我們生命的果子。主以果醬小屋向我說明這個真理，我希望你也能看見，祂記念你所做的每一個善行，且必獎賞你。

個人行動

有人問耶穌，誡命中第一要緊的是哪一條，祂回答說：「你要盡心、盡性、盡意、盡力愛主——你的神。」[5]盡力包含力量與能力，這整個勸勉講的是，要用才幹和天賦愛我們的神。或許你曾感到主在鼓勵你運用你的才能愛祂，但你不確定怎麼做。祂要幫助你栽培生命的果子，祂要幫助你實現祂寫在你心上的呼召和旨意。

1. 把你曾經想要去做的事，或是覺得主鼓勵你去做的事列出來。

2. 求問主，祂對這些事有什麼看法，你可以怎樣跟從祂邁出步伐去達成其中一些事。

3. 把神對你說的話或顯明的事寫下來。

4. 打電話給一個朋友，把你的領受唸給他聽。

5. 問那位朋友是否心裡同證這些領受是從主來的。

第3章
船屋

在農舍右方有一木造船屋，前後各有雙門扇的大門，尖型屋頂，屋內分上下兩層，樓上也有一個小窗戶。船屋內部是個工作坊，左側靠牆有一張木匠用的長工作檯，上方有扇窗戶。角落裡有一圓肚形鑄鐵暖爐，爐邊有兩個可以坐下的木頭。我來過這工作坊很多次了。

第一次來的時候，這裡有一艘未完工的船，底部朝上，置於鋸木架上。當時我沒怎麼注意；只顧著坐在暖爐前與主交談。另一次我來到這工作坊，看到主正在做一樣東西，我就問：「祢在做什麼東西呀？」

祂打開手掌，我看見一株

枝葉茂盛的迷你樹，祂說：「我在做一棵樹。如果我能做一棵樹，還有什麼事對我是太難的嗎？」

工作坊的右側也有一張長工作檯，此外有樓梯可上二樓。樓上靠窗置有一張寫字桌和椅子，主和我曾有幾次在二樓會面。上一次在這裡會面時，主在桌上放了紙，要我寫這本書。

有一天主說：「孩子，跟我來，有樣東西要給你看。」我跟在祂身後，沿著船屋的右側走到水邊。那裡有一船臺，臺上放置一艘全新的快艇，內側的襯板是香柏木製成的，這是一艘在加拿大馬斯科卡的古老農舍裡常見的快艇。舊式快艇內部通常是黃銅配件，我一向非常欣賞。主說：「孩子，這是我為你造的船。」我太感動了，簡直不敢相信祂竟為我做這事。我從沒跟任何人提過，但若我能擁有一艘船的話，就是想要這樣子的船。儘管是我未曾說出口的心願，但主真的給我一艘快艇。

當主問我想不想開出去轉一圈，我當然說願意。祂倒船出去，我可以聽到引擎啟動後低沉的隆隆聲，我們迎風破浪前行。我太開心了。主的頭髮被風吹往後，我可以看到祂臉上的微笑。就在這時，突然間我們從水面上升，飛了起來。我俯瞰整個地區、農舍、果園、船屋，和正下方的湖面。我問主：「這是祢為我預備的地方嗎？」我知道聖經說，耶穌要去為我們預備地方，所以我就想是不是這裡。

主說：「不是的，孩子，這裡不是天堂，只是一個我們可

以相會而你可以感到舒服自在的地方而已。」

有一次我放假時，主問我：「比爾，你有什麼目標嗎？」

我第一個反應是：「神啊，為什麼問我這個呢？我在放假呀，目標是為工作定的。」不過，經過一番討論後，我拿出一張紙，把我人生的目標寫下來。我希望擁有的幾樣東西，我想做的事，我對兒女的希望，我對事奉的夢想。寫完以後我才明白，我把心願寫出來了，而且我立刻知道為什麼神要我做這件事。祂要我把目標寫下來，當實現之後，我便知道祂把我心所願的賜給了我。

我寫下大約十二個目標，雖然很多已經實現，但有些還沒。有些目標跟服事有關，有些無關。其中一個目標是到全世界服事，從那時到如今，我們已經到過五大洲服事了。

我也對主說我想拉小提琴。那時我沒有小提琴，也負擔不起，但神是很大的，有次放假後返家，我跟一個朋友講起我想學小提琴，他手邊剛好有一把，而且不需要了，所以他願意賣給我。雖然那把小提琴的品質不是最好，但是也不貴，所以我把它買下來，開始找老師上課。幾年後，我的姑姑過世，她把她那把非常昂貴的小提琴留給我。我從未跟她提過我很想拉小提琴，但神知道我的心願，所以今天我能用非常棒的樂器拉奏音樂。

還有一個心願可以說是作夢，我想要一輛MGB跑車。我喜歡舊車款。從前在學校我修過汽車維修的課，我真的很愛舊款的汽車；但我有小孩上大學，還有很多帳單要付，所以，雖然這個心願很好，但實在不切實際。

就在我寫下目標清單之後大約一年，某天我跟朋友大偉談到主怎樣吩咐我把人生目標列出來，我說其中一項是我想要一輛MGB。他立刻插話，說：「比爾，你一定要來看看我工作的車庫。」大偉的工作是幫人裝設門窗，當我們走進他的店裡，映入眼簾的是一輛未受損、原廠認證的1974年份的保時捷914跑車。他說：「比爾，我幫一個客戶裝好窗戶後，那客戶跟我說他剛失業，沒辦法付我錢，他說可不可以拿這輛跑車抵裝修費。我就拿了。比爾，你要的話，就拿他裝窗戶的費用給我，這輛車就是你的了。你什麼時候方便再付，沒關係。」我們原本就需要另一輛車，所以這真是神送來的禮物，儘管我想要的是一輛MGB，但我的天父供應我一輛保時捷。

我們都有藏在心底的願望沒說，可能是想擁有某樣東西、可能是想做某些事。如果拿出來討論會覺得怪怪的，因為怕會讓自己顯得貪心或自私。我拿心願這件事求問主，這是祂給我的話：

兒子，

人人都有心願，不分男女。絕大多數的心願是好

的，但有些卻是不好的。當你想到你的心願時，需要檢驗一下。如果你想要的事與律法相違，像是不當的性行為或是貪戀別人的妻子、馬或房子，我是不會祝福的。

首先需要檢查你的心願，我的話語已吩咐不可以的，你就別再想要了。如果你的心願與我已啟示的話語相違，我是不會賜給你的；然而，許多人卻渴望象徵地位的財產或職位，為的是抬高自己，並擁抱這些心願目標成為他們的身分。這我也是不會祝福的，我不供應那個。惟有能吸引你更親近我的心願，我才會供應。你必須先以主為樂，然後我才會將你心所願的賜給你。

愛你的爸爸

個人行動

你的天父想要把你心所願的賜給你。也許你像我一樣需要把那些心願寫下來，有助於明確認定。這樣當主開始賜給你的時候，你就知道那原是你想要的。每逢聖誕節，內人和我都很喜歡送禮物給子女。我們會問他們想要什麼，會用心聆聽，然後盡可能送他們想要的禮物。照孩子的心願送他們禮物，是我們作父母的很樂意做的事——你的天父也是如此。所以不要害怕，誠實面對祂，告訴祂你心裡真正想要的東西。聖經說如果你以祂為樂，祂會成全你的心願，因為祂愛你。[6]

1. 將你的心願和人生目標寫出來。

2. 祈求神供應，成全你的心願和目標。

3. 問祂：「主，關於我這些心願，祢有什麼要對我說的話呢？」

4. 打電話給一個朋友，把你的領受唸給他聽。

5. 問那位朋友是否心裡同證這些領受是從主來的。

第4章 穀倉

在隱密處，道路的盡頭有一白色小型穀倉。我第一次進去的時候，看到主在為一匹馬釘馬掌。在此異象中祂很細心地處理馬掌的釘子。看到祂親手做這事，我非常驚訝。後來我有許多次在穀倉裡與主相會，每一次祂都跟我討論照顧羊群的事。穀倉是我偏愛的地點之一，在那裡我感受到祂愛基督肢體的心。

有段時間有人請我一同擔任一間新成立的教會的牧師，當時我不確定該不該接，於是求問主的想法。祂就賜給我一個夢，夢中我看見在穀倉旁的羊圈。剛開始裡面只有幾隻羊而已，但不久，羊圈就滿滿都是羊。羊圈和馬場之間隔了一道柵欄，所以我就打開它，讓羊群湧入馬場。我喜歡跟羊在一起，我曉得羊碰到問題時不會出聲。如果牠們的腳或臉被刺扎了，自己是沒辦法解決的。不過，我可以看著牠們的眼睛而知道牠們很痛。

詩篇二十三篇說：「耶和華是我的牧者……祢用油膏了我的頭。」這是描述牧人的角色和照顧羊群的責任。牧人為了幫助他的羊，必須融入羊群的生活，才能把刺找出來、拔掉，才能用油抹傷口，讓羊痊癒。我望著這一片田野，看到上千隻羊，我說：「主啊，我沒辦法照顧這麼多羊。」

祂說：「兒子，我會差很多助手來幫忙的。」我立刻看見田野遍布許多人在照顧和餵養羊群。這個羊群的夢和耶穌照顧那匹馬的異象，鼓勵我跨出去幫助這間教會。

不久我就了解到，儘管我對神的教會有很深的負擔，尤其關心祂的羊群，但牧養這一間教會並不是神要我完成祂對我在這領域上呼召的全部計畫。於是我們祝福另一位牧師，讓他來照顧這群羊，然後卸下職務。那次經驗為我留下很深的困惑，我問主：「為什麼祢鼓勵我這樣做呢？為什麼祢給我對這事奉和這群羊如此深的負擔呢？」

主提醒我另一個夢，就是在這間教會開始以前祂賜下的夢。在夢中，我看著一張地圖，那塊地是我從未見過的，上面的城鎮名字也是我從不知道的。我所在的位置是山嶺的這一邊，那些城鎮在山嶺另一邊的湖畔。我看到自己和妻子跟另一對夫婦坐上車子，興奮地踏上旅程。那輛車是全新的1920年代福特T型車（Model T），我們四人都穿著羽絨外套，因為我們要越過山的另一邊，那邊很冷。我也從後座在駕駛。我問神這

夢是什麼意思，祂說：

兒子，

你心中想去一個未曾去過、也未曾見過的地方。途中你需要穿越一座高山，會有另一對夫婦跟你們一同去，雖然開福特T型車就可以到那裡，但是最好還是開比較快有暖氣的新車比較好；還有，你不能夠從後座駕駛。兒子，我賜給你這夢是為要預先告訴你，當有一天你是因為無法施展新的想法而必須卸下職務時，你會知道這一切都在我手中。

你需要投入這牧養工作，好讓你明白你的異象不單只為一間本地教會，更是為基督的整個身體。你需要受邀一同牧養這間本地教會，是因為如果你的牧師不看重你而沒邀你，你會因此一輩子受傷。這是出於好意。

愛你的爸爸

這一課真難啊，沒照著我所希望的發展，是我心碎的原因。當內人與我回想那個異夢，才明白那的確象徵了那段時期我們的處境。我們也看出來，這一切對神來說都不意外；從頭到尾祂都知道。主牧養我，領我度過那段艱難時期。

個人行動

也許主曾帶領你走過類似的情況。無論是神或他人令我們失望，這時我們都需要誠實面對神，需要把我們心中真正的感受對祂說，將我們的懼怕、挫折、希望，當祂的面說出來。祂能夠聆聽我們真正的心聲。我們不需要擺出一副正義凜然的模樣，否認心中真正的感受。祂比我們的感受大得多。

你可曾受人之託而去做某件事，最後卻行不通？也許你像我一樣，覺得是出於感動而做，但是到頭來你還是辭掉它，或者更糟的，別人請你走。神知道這使你非常心痛，也使你向神發出質疑，祂要回答你那些問題。

1. 寫一封信給神，簡述你心中的感受，把你對這情況的疑問全部寫出來。

2. 問主：「為什麼這樣的事情會發生？」

3. 求神回答你的疑問。

4. 打電話給一個朋友，把你的領受唸給他聽。

5. 問那位朋友是否心裡同證這些領受是從主來的。

第5章 教會

在隱密處有一間很小的教會，大概只有2.4公尺寬、2.4公尺長，座位也僅兩排而已。教堂外有一個花園，長約3.7公尺、寬約2.4公尺。我曾見過主在這園子裡鬆土撒種，過了一段時間，作物長了起來。作物長起來以後，祂持續照顧園子，後端種玉米，前端則是較矮的作物。耶穌是我們的牧人，而天父是園主。當時我不了解那園子代表什麼意思，於是求問主，祂說：

兒子，

這園子代表你的事奉。它是在教會外面，會有作物生長而且繁茂，但不是在教會裡面。園中會有許多不同的作物，不是只有一種。那些作物代表我的百姓，全都是預定在我的國度中擔任不同的角色。你將照顧我的身體，教導他們、服事他們。兒子，教會很重要，但那是你的事奉中很小的一部分；你的事奉是在教會外面。

隔年我就開始看到主所預備的更多園畦了。每一個園畦的大小都一樣，沿著教會兩旁的圍籬排開。首先要在地上標注範圍界線，接著要在園畦上準備撒種。我們作為基督的身體已蒙召去改變世界。

這件事不是在教堂的四面牆內可以做到的。我們還需要走出教會和社區，去耕種主的園子，將祂的國帶到祂的世界上。

近來主一直在對全世界的信徒說，是走出教會、走到世界去帶出改變的時候了。主希望我們看見我們在祂的世界上各有各的呼召和目的，羅倫‧康寧漢（Loren Cunningham，青年使命團創辦人）形容社會的影響領域如七座山[7]，這七座山是：

1. 宗教
2. 家庭
3. 教育
4. 政府
5. 媒體與傳播
6. 藝術與娛樂
7. 商業

我們都蒙召在至少一個領域上影響世界。對絕大多數人來說，這些山就是我們工作或花最多時間的地方，主已呼召我們

將祂的智慧帶進這些領域，這樣人就會看到我們的好行為，進而想認識這位賜給我們如此智慧的神。

教會也在改變中。今天越來越多基督徒離開傳統教會模式，他們依然愛主也想認識祂。他們喜愛敬拜與團契；但就是不想到傳統的教會聚會。結果是，較不正式的教會型態如家庭小組和非正式的信徒小組逐漸興起。這些非正式的小組聚會，彼此分享、彼此相愛，共同委身於將國度帶到他們的社群裡。其實這並非新的教會型態，而是非常古老的教會型態，這正是新約的教會型態。

我愛主的教會，我愛祂的身體，我也知道有許多美好的教會和另類教會型態。我感覺主正在尋覓祂整個教會，許多肢體是在傳統教會的四面牆以外。以中國為例，只有少數大教堂，教會的架構相當有彈性，卻以空前的倍率增長。在加拿大我們也正目睹家教會的增長，我們有幸參加這些家教會的聚會，教導信徒，我們發現這一類親密又個人的聚會深化了主內肢體的關係，以及信徒與主的關係。

個人行動

許多人對於教會的結構應該怎樣、聚會應該怎樣進行，都有既定的看法。對我們信徒的挑戰是，不要把教會的定義侷限在一個建築物裡、一個宗派裡，也不要侷限在我們先前的敬拜經驗裡。可惜說得容易，做起來難。我們會對於固定型態和架構漸漸感到安適，而開始認為我們所定義的敬拜、我們教會的經驗是最好的、是正確的、是惟一的。神可不這樣被限制。祂每早晨都是新的，且有能力隨不同的族群而調適。

1. 捫心自問，你是否接受另類敬拜型態，好比家教會、網路教會或非正式的信徒聚集，除了傳統的星期天早上到教會作禮拜之外，這些也是可行的。

   接受□　　無法接受□

2. 你是否曾在異象中看見主的教會可以有新的表達方式？

3. 求問主，對於在這時代的祂的教會，有怎樣的異象？

4. 在神的國度中，我們各有獨特的角色。求問主，你能如何將祂的國帶到祂呼召你進入的領域。

5. 打電話給一個朋友，把你的領受唸給他聽。

6. 問那位朋友是否心裡同證這些領受是從主來的。

第6章
重型機車

自長大成人後我時常憂鬱，青少年時期是不是也有這問題，我不記得了，但是隨著年紀越增長，憂慮就越多，也越不安。我會背誦一些經文，好比「應當一無掛慮，只要凡事藉著禱告、祈求，和感謝，將你們所要的告訴神」[8]，但我還是掛慮這個、掛慮那個。不管我背誦多少節經文，我還是擔憂，我還是害怕；信心像跟我避不見面似的，我雖知道神的道，卻沒有信靠祂。

當我開始聽見神的聲音，並將祂所說的寫下來以後，我注意到耶穌似乎一直在世上幫助著我。祂從不匆忙，我有什麼問題都可以問祂，祂會回答我。這是我跟神關係的一大突破。以前我也愛讀聖經，祂的話語經常帶給我很大的安慰。然而當祂對我說話，那是完全不同的。當祂對我說話，我感到接納、慈愛、盼望和喜樂。我覺得有信心。有句經文說：「……信道是從聽道來的，聽道是從基督的話來的。」[9]當耶穌對我說話，我就發現我裡面的信心興起，比我單單讀經文更穩固。神說出來的話語產生信心。

我並不特別喜歡旅行，儘管我去過二十七個國家，但我還是覺得出遠門會讓我緊張。有一次出國，那次內人與我計畫去莫三比克，我很焦慮，所以就跟主禱告，向祂傾訴我的感覺。禱告中我看到主坐在農舍前一輛大型的鋁合金重型機車上，車後面綁著睡袋，祂很高興，我可以看到祂臉上洋溢著興奮和喜樂。機車可乘坐三人。下一幕是內人和我坐在耶穌後面，祂騎著機車載我們走，祂的頭髮被風吹往後，我發現祂沒有戴安全帽，我突然領悟到：**「祂當然不需要戴安全帽，祂不可能發生意外，一切都在祂掌控之中。」**然後我挑戰自己：**「我何必為這趟旅程擔心呢？只要耶穌在駕駛座上，我們一定安全的，祂掌控一切。」**

另一次我們要去冰島，我特別煩惱。行程有點複雜，我們要在倫敦和奧斯陸轉機，而且會在倫敦過夜。我過去在倫敦希斯洛機場的經驗都不大好，所以我對這趟旅程一點都不期待。很多我害怕的事其實滿荒謬的，但那些思緒纏繞不去，好比我們一定劃不到想要的座位，行李會搞丟，會睡過頭而錯過班機，在倫敦會叫不到計程車，等等。我問主：「我該怎麼辦？我該如何禱告？」祂對我說話：

兒子，

要宣告我即將為你成就的事。要具體，要像這樣：

1. 主祢一定會讓我們劃到機位。
2. 祢一定會讓我們準時抵達。
3. 祢一定會保護我們的行李不遺失。
4. 祢會提供一輛計程車載我們到旅館。
5. 祢一定不會讓我們睡過頭。
6. 祢一定會讓我們早上叫到一輛計程車載我們去機場。
7. 祢一定會確保我們搭上飛往奧斯陸的班機。
8. 祢一定會確保我們跟冰島的聯絡人聯繫上。
9. 祢一定會讓我們在冰島有地方住宿。
10. 祢會帶領某人來接待我們。

我就照主的吩咐，一一宣告，一切都順利，儘管飛奧斯陸的班機延遲，但我們依然跟聯絡人聯繫上了。主教導我採取攻勢，將所有不是從祂那裡來的思想都奪過來，並且宣告祂即將成就的事。這對我是一大學習。聖經說：「將各樣的計謀，各樣攔阻人認識神的那些自高之事，一概攻破了，又將人所有的心意奪回，使他都順服基督。」[10]主藉這次經驗教導我如何將

經文應用到自己身上。

我做了宣告以後，又問主：「沒有先問過祢就宣告祢會為我成就，這樣不是很傲慢？」祂說：

兒子，

只要是在我的性格和聖經裡的，你都可以宣告。我醫治，我保護，我是你堅固的高臺。我是你的盾牌和力量。我必不離開你，也不會撇下你。這些事你都可以宣告，因為我說過我會成就的。

我這才明白憂愁和掛慮其實是拜偶像的行為。當我憂慮時，其實意思是神比我所擔心的還小。當我憂慮時，就是選擇跪拜我所擔憂的事情，把它變成偶像了。於是我為拜偶像的行為認罪悔改，並且宣告：「神啊，祢比我所擔憂的事更大。」

個人行動

主勉勵我們：「應當一無掛慮，只要凡事藉著禱告、祈求，和感謝，將你們所要的告訴神。神所賜、出人意外的平安必在基督耶穌裡保守你們的心懷意念。」[11]如果你缺少平安，表示很可能你心裡有掛慮或焦慮。神的旨意是要我們心中有平安，不應該充滿憂慮。

如果你心中充滿憂愁焦慮，不知如何是好，當知神要你脫離憂慮得自由。祂希望你在暴風雨之中滿有平安。如果你想要擺脫你的擔憂和懼怕，請做以下功課：

1. 把你所擔心的事列出來。

	神大過這件事嗎？ 是	否
a. ________________	☐	☐
b. ________________	☐	☐

	是	否
c. ________________________	☐	☐
d. ________________________	☐	☐
e. ________________________	☐	☐
f. ________________________	☐	☐
g. ________________________	☐	☐
h. ________________________	☐	☐
i. ________________________	☐	☐
j. ________________________	☐	☐

2. 看以上清單，是否神比你所擔心的事更大？

3. 為你的憂慮認罪悔改，宣告那是拜偶像的行為。

4. 依照這張清單所列，把神即將為你成就的寫下來。

   a.主祢必 ________________________

   b.祢必 ________________________

   c.祢必 ________________________

   d.祢必 ________________________

   e.祢必 ________________________

   f.祢必 ________________________

g.祢必 ______________________________

h.祢必 ______________________________

i.祢必 ______________________________

j.祢必 ______________________________

5. 大聲説出神即將為你成就的事。

6. 關於你心中擔憂或焦慮的事情，主會怎麼説呢？求問祂，然後把祂對你説的話寫下來。

7. 打電話給一個朋友，把你的領受唸給他聽。

8. 問那位朋友是否心裡同證這些領受是從主來的。

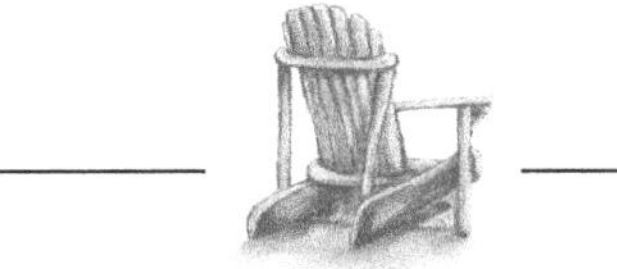

第7章

生命大道

從農舍有一條路延伸出去，到隱密處的外圍。這條路往右經過一間小教堂和兩塊地，一塊是馬場，另一塊是羊圈。兩塊地之間以柵欄相隔。路的盡頭是一棟白色的小穀倉。至於從屋舍往左延伸的路，我把它叫做生命大道。在生命大道上還有其他房子，路的盡頭什麼都沒有，視線停止。我相信這是因為我的生命還沒結束，主還有很多事要我去做，深信隨著我的人生一步步展開，這條路也會更加顯明。

生命大道上的每一間房子，都有一個跟我生命的某部分相關的名字。有一間房子上面是我公司的名稱，另一間上面是我教會的名稱。當主想要跟我談跟工作有關的事情，我們多半就會在那間屬於工作的房子裡會面。在這間房子裡有不同的房間，每一間都代表我工作的一個層面。

有一天上班中，我參加一個行銷會議。大家在絞盡腦汁，為我們正在研發的一個程式想一個新的行銷宣傳詞。就是用一句簡短的話，具體呈現一件產品的價值或真相，例如「可樂更添妙趣」。但那天我們想破頭卻仍毫無結果。我決定求問主，求祂賜下一句廣告詞。祂賜給我一句話，我在會議上唸給大家聽，他們說：「比爾，這句話太棒了，你是怎麼想到的呀？」那天我學到一件事，神能給你生意上的好點子，祂在商業領域上可是非常自在的。

作為策略者，我開發「思想領導力研討會」（Thought Leadership Seminars），傳遞突破性的觀念。我採用創意技巧與方法來幫助客戶正視他們公司的問題。有一天我針對顧客需求做了一些市場調查，發現客戶最想知道的事就是如何降低公司的資訊技術費用。

我繼續研究這個問題，讀過幾千頁資料之後，雖得到很多理論和新方法，但是我對於如何彙整資訊，或如何用清楚又簡明扼要的方式把它傳達出去，仍毫無頭緒。看著我桌上約30公分高的文件和白紙，我覺得要把它變簡單根本是不可能的。我說：「主啊，這要怎麼彙整呢？如何能將這訊息傳達給另一個人呢？」主對我說：

比爾，

資訊技術（IT）的預算是由三大類支出所組成的：技術、人力、設備。

．在技術部分，目標是提高資產利用。把你對提高資產運用率的想法彙整在這裡。

．在人力部分，把你對減少工作或縮短時間的點子彙整在這裡。

．在設備部分，把你對提高電子和空間效能的點子彙整在這裡。

主的話很簡單，卻很深入。

這個啟示成了一個IT轉型行銷計畫，以及一個IT轉型規劃工作坊的基礎，使我為我們公司賺進數百萬美元，也使我能夠為世界各國的企業和政府研發IT轉型計畫。而這一切都從我求神「我該怎麼解決這個問題？」開始的。

解決問題既需要創意思考也需要智慧，「智慧是對人、對事物、對事件或情況有深入的了解，進而有選擇力或行動力，得以持續地用最少的時間與精力，產出最大的結果。」[12]聖經說：「你們中間若有缺少智慧的，應當求那厚賜與眾人、也不斥責人的神，主就必賜給他。」[13]

神的智慧並不僅限於屬靈事物；也包含像降低成本的策略與技術見解之類的屬世事物。這對我又是一大啟示。我從來沒想過神能夠或想要賜給我有關研討會與程式的技術直覺，直到我碰上危機，呼求祂幫助我解決技術上的問題時，祂回答了我，我才發現。

美妙的智慧

有一次我正為兩個不大相關的問題煩惱，第一個問題是一家公司的事，非常棘手。第二個問題比較是個人的事，我那時心裡正在為印度的基督徒被殺害而憂愁。因我即將前往印度一所領袖學校授課，所以印度的情勢令我害怕。我為這兩件事掛心、煩惱。當我的車開上快速道路時，我就跟主討論這兩件事。

我看到祂邀請我上那艘停在隱密處湖邊的快艇，我們去湖面兜風。開著開著，我看到岸邊有一名男士向我們招手。主就朝岸邊開過去，我問：「主，那是誰啊？」

祂回答：「是彼得，他要教你一件事。」

我踏出船外。長髮蓄鬚的彼得身穿白袍，對我說：「比爾，我要教你一個更好的釣魚方法。」說完他就把一個魚鉤綁在魚線上，是一種讓魚鉤可以在線上隨意移動的

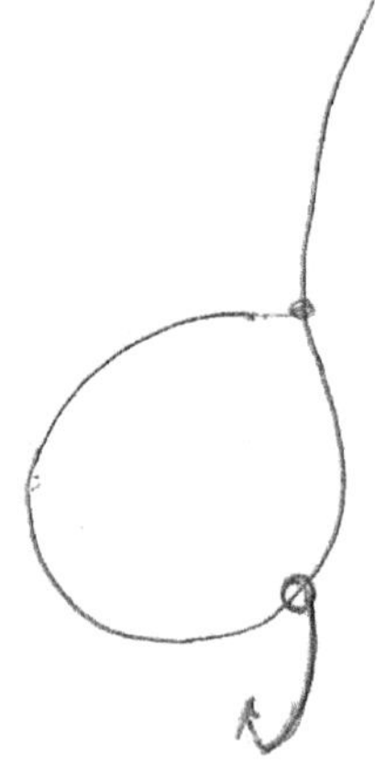

綁法。他說：「這樣魚鉤可以很容易移動，蟲子就跟著移動，更容易吸引魚上鉤。如果你用更有彈性的做法處理那家公司的事，你會釣到更多的魚。」彼得直接點出我正在處理那家公司的棘手問題。

我回到船上，主繼續往前開，有一個人站在岸邊揮手，主把船開到岸邊，我問：「那是誰啊？」

主說：「是以西結，他有件事要告訴你。」

以西結說：「比爾，在你身邊的天使比那反對你的敵人更多、更大。」這話是在鼓勵我去印度，不要害怕。

我回到船上，主繼續開船，又有一個人站在岸邊揮手，主把船開到岸邊，我又問：「那是誰啊？」

主說：「是約翰，我所愛的門徒。」

約翰對我說：「他們企圖殺死我，儘管他們嘗試了，卻做不到。你要倚靠神的保護。」異象結束。

約翰的話非常具體而且鼓舞我。我因此覺得裡面的勇氣大大提升。

起先這異象令我有所顧慮，因為跟我講話的可都是聖徒呢！我頭腦的警鈴大作，於是我拿此事跟一位信得過的朋友討論。他提醒我耶穌做過這件事，他說：「比爾，對這件事我沒有任何神學上的疑慮，因為耶穌在變像山上做過一模一樣的事，如果祂能，那麼你也能。聖經告訴我們那些先聖先賢不是

死了，他們活在主面前，而且新耶路撒冷裡有被成全之義人的靈魂。」[14]

我相信所有經歷皆須以聖經和果子來衡量。我跟聖徒說話僅此一次，我並沒有向聖徒求教，他們只是在異象中顯現，並且是耶穌帶我去找他們的。雖不尋常，但鼓舞我的信心，也令我大大受教。

這次經歷之後，內人和我前往印度的孟買，我們抵達那天，有恐怖分子在街上到處殺人，我們被限制在旅館內，不得外出，我很高興主預先以異象讓我們有心理準備。聖經說：「耶和華的使者在敬畏祂的人四圍安營，搭救他們。」[15]我們知道在孟買就是這樣，我們滿有平安。

—— 個人行動 ——

我們的現實生活有許多層面，主對每一層面都關心，祂可不是僅限於你生命的「教會」部分而已。祂要在凡事上指教我們，在我們每一個決定上賜下智慧，無論是工作、家庭或教會的事。然而，我們需要求問祂，我們需要讓祂參與我們的決定。

1. 你生命的哪些領域需要智慧？

2. 把你需要智慧解決的問題具體列出來。

3. 為每一個問題尋求神的智慧、建議和指教。

4. 把神說的話寫下來。

5. 打電話給一個朋友，把主給你的話唸給他聽。

6. 問那位朋友是否心裡同證這些話是從主來的。

第8章
阿爸父

我一向喜愛聆聽神說話，和查考祂的話語，但是由於隱密處的經驗，結果使我跟神的關係改變了。現在我能面對面看見祂，與祂交談，就像一個人跟一個人講話那樣。過去禱告時，我多半把自己希望主為我做的事很快地說出來，還用經文來支持哩！

我深知我絕對不會這樣對別人講話的，若與別人交談時，我會等到兩人坐定，然後先問對方最近好不好，我會注意聽對方的回答，接著才切入我想談的事情，趕時間、單向溝通皆不宜。現在我就是要用這樣的方式跟我的天父交談，像與人交談一樣。我要跟祂一起討論、推理。禱告不是一項責任，不是禮節俗套，而是個人的、親密的、真實的、透明的交談。

讀詩篇時，我注意到大衛王跟神談話似乎非常坦誠透明。大衛把心裡的感覺一五一十地告訴神。現在我跟天父也有這種關係了，我才知道原來詩篇其實就是他們的對話紀錄。

耶穌來是為了讓我們也能與天父建立這種關係，祂說：「……我就是道路、真理、生命；若不藉著我，沒有人能到父那裡去。」[16]耶穌的目標是讓我們得以來到父神面前，像祂一樣與父神建立關係。耶穌在世目的是要打破我們與天父之間的牆，好讓我們也能呼叫祂阿爸父。**「阿爸」（Abba）**是亞蘭文「爹地」的意思。耶穌稱祂的父為「阿爸」。[17]隨著主帶我深入隱密處，我漸漸不叫祂「主」或「父神」了，現在我叫祂「爸」。若在從前要我稱呼神「爹地」，我肯定渾身不自在。我聽過別人這樣叫祂，但我沒辦法，現在卻似乎再自然不過了。我想要叫祂「爸」，我想要聽祂說話，我很想祂來教導我認識祂的話語。

耶穌告訴我們聖靈會教導我們一切事情，「但保惠師，就是父因我的名所要差來的聖靈，祂要將一切的事指教你們，並且要叫你們想起我對你們所說的一切話。」[18]

每一天當我與主相會，一開始我先等候父神，求問祂想要在哪裡會面。我就一個簡單的祈求：「爸，今天祢想在哪裡會面？」接著我就等候，直等到主在我腦海顯現。我會一直等到我能清楚看見祂，我就注視祂的面容。我常擁抱祂，感受祂的同在。祂的擁抱與注視更勝言語。我像海綿似的吸收祂的愛與接納，在祂的同在中，我所有的憂慮或問題似乎都消融不見了。祂永遠是微笑的，祂的眼中散發慈愛與接納，祂就像一位

慈愛的爸爸笑著看自己的孩子，目光從不離開。我知道我得到祂全部的注意力，我也知道祂從不趕時間。

我的經驗告訴我，主喜愛關係。比起要我在屬靈爭戰中，震動某些城門或情勢，祂更有興趣聽我傾訴並醫治我的心靈。祂大過任何邪惡勢力或堅固營壘，祂握有解開堅固營壘與難題的鑰匙。只要我花時間在祂面前，求祂賜智慧，祂必應允。讓我舉一個例子說明。

有一天我在上班時，突然覺得這一輩子沒什麼成就，就好灰心，我說：「主啊，我不過是個專案經理而已。」

祂說：「兒子，你不是一個專案經理，你是神的一個做專案管理的兒子。」簡單一句話打破了頭銜與職位的迷思，使我不再用那些來衡量我的身分，釋放我得以自由地行在真理中。我是神的一個兒子，這才是我真正的身分，我不是我名片上的那個職稱。

過去這幾年，此一啟示大大幫助了我，因為我所從事的產業碰上不小的變動。我的工作轉換多次，以人的眼光看，好像新的工作是降級。但是主的話語支持著我一路走來：「你是神的一個兒子；你不是那張名片上的職稱。」其結果，頭銜與職位對我毫無力量，倘若我還活在那個謊言底下，誤信我等於我的職稱頭銜，那我會遲疑不接那些工作的。但那些改變都是神所預定的，我從那些職位所獲得的經驗，使我有足夠能力接下目前的工作。

有一次，一些同事在我背後說我壞話，那不是我職場生涯碰到的第一次。我從回顧中發現一個自己從「金童」變成「落水狗」的週期。我的經理人想不出為何發生這種事，但每一年我總會先達成許多突破，接著就突然發生一件事，毀壞了我前面的成果。我求問主：「爸，為什麼總是從金童淪落為落水狗？為什麼老是發生這種事？」祂說：

兒子，捆綁那說謊的靈，釋放祝福到你身上。

「捆綁說謊的靈」這概念我了解，但是什麼叫「釋放祝福」，我一點都不懂。我知道聖經說：「……凡你在地上所捆綁的，在天上也要捆綁；凡你在地上所釋放的，在天上也要釋放。」[19]但後面這句「在地上所釋放的，在天上也要釋放」對我是很陌生的。

雖然不是真的很懂主在對我說什麼，但我仍出於順服宣告說：「我要捆綁所有說謊和欺騙的靈，命令他們全部離開。我也要釋放祝福到我身上。」令我驚喜的是，所有背後的議論都停止，我的事業開始起飛，我被拔擢，我研發出新的計畫和方法，再次被拔擢，祝福綿延不停。現在，每次我感到謊言在形成為要敵擋我，我就作同樣的禱告。當我進入一個新的業務情

勢時，我就宣告：「我釋放祝福到我身上。」

在聖經裡，有一個不怕祈求神施恩的人，就是尼希米。當他計畫去見王的時候，就祈求神，說：「……求祢……使祢僕人現今亨通，在王面前蒙恩……」[20]像我一樣，尼希米也是個專案經理，監督好幾項大型計畫，神釋放祝福到他身上，使他所做的每一件事都蒙福。你也可以這樣，你也能祈求神釋放祂的祝福到你身上。

個人行動

1. 你可曾感到自己毫無價值，一種你一事無成的感覺？也許你像我一樣被謊言所苦：虛假身分的謊言。如果你是，那麼請作以下禱告：

   「爸，我要打破對那謊言的認同，那謊言是：我是我的成就或我名片上的頭銜。我要擁抱祢的真理：我是神的一個兒子（女兒），我要捆綁一切敵擋我的說謊的靈，我釋放祝福到我身上。」

2. 求問主：「今天祢想在哪裡會面？」

3. 求問主：「對於我是神的兒子（女兒）這件事，祢有什麼想對我說的嗎？」

4. 把神對你說的話或顯明的事寫下來。

5. 如果你在一些關係上有問題，那麼求問主：「關於這方面，祢想要對我說些什麼呢？」

6. 把神對你說的話或顯明的事寫下來。

7. 打電話給一個朋友，把你的領受唸給他聽。

8. 問那位朋友是否心裡同證這些領受是從主來的。

RECEPTION

第9章
心靈得醫治

人體是個複雜的系統，我們全身各部位必須統一運作，身體才能正常作用，假如有某個部位生病，全身都痛苦。除了身體以外，我們也是靈性的存在，包含思想、魂與靈。聖經將這部分稱為我們裡面的人，或我們的心靈。就像肉身一樣，靈性的存在也必須統一運作。

可惜的是，絕大多數人因著過去碰到的問題和經歷，以致心靈出現問題。隱密處是神醫治我們心靈的地方，我們在那裡把真正的感受坦誠地告訴祂，並邀請祂來到我們的傷心地。祂醫治的方法沒有任何侷限，甚至不受時間限制。以下舉一個例子說明祂醫治我們心靈的能力有多奇妙。

內人和我即將慶祝結婚三十週年時，我想為我們計畫一次美好的假期，要很特別也希望能帶給我們真正的祝福。我們經常一起出遠門，五大洲都去過了，出國聽來似乎很興奮，其實多半又累又緊張。我其實不想出國去很遠的地方，因為工作上的需要經常出國，所以既然是度假，我就不想坐飛機了。以上原因使我們決定一路開車到南卡羅萊納州的默特爾海灘（Myrtle Beach），我與主一同計畫這趟旅行，也請求祂與我們同在，和我們一起規劃所有細節。我在幾個月前就訂好旅館，主說：「兒子，這將是一個美好的假期，我已為你們計畫好了，你們會玩得很高興。」

我們一路開車下去，週六很晚才抵達默特爾海灘，由於是夏天，人滿為患。我到旅館櫃檯辦理入房，但他們說沒有我們的訂房紀錄。正常的話我一定會很生氣，要求見經理！但不知怎的，我完全不知所措，無法講出任何話語。出發前我查過銀行戶頭，確定訂金已經付了。我覺得神讓我失望了，祂不是跟我保證這會是一個美好的假期嗎？怎麼我看將是一場災難呢？我們晚上要住哪裡？要到哪裡去？已經晚上10點了，怎麼辦？

內人看我整個人像皮球洩了氣，於是她就問櫃檯是否能安排其他房間。他們說可以，我們就付錢入住另一個房間。進房後，內人跟我說：「比爾，剛才你在櫃檯那樣子，好像一個小孩子，不像我所認識的那個男人。你覺得被遺棄嗎？」

令人驚訝地，我竟哭了出來，我說：「沒錯，神拋棄了我，就像我爸一樣。」我爸人非常好，對妻兒忠實，但因為工作的緣故，每個星期都要出差，一直到我七歲，週間他都不在家，我只能在週末和放假時見到他。到二十多歲時我才問他，

為什麼要做那樣的工作。他說1950年代是一段艱困時期，他找不到別的工作，只能去做那個。當我開始工作又出差以後，我體會到住在旅館裡獨自一人，一點都不有趣。我這才開始感激父親為我們做的犧牲，週復一週、年復一年，他跑遍渥太華地區各個小鎮工作，賺錢養家，真的很辛苦。但是小孩子不懂這些，只知道爸爸不在家。

內人說：「讓我們為你內心深處這種被遺棄的感受是從何開始，來求問神，好嗎？聽聽看祂會對你說些什麼。」我們禱告的時候，我想起兒時住過的一間房子，在快速道路邊，是租的。有次暴風雨襲擊，有一個車門猛然被關上，撞到我的手臂，我就骨折了。我看見自己躺在家中的沙發上，鄰居都來了，但不見爸爸。我很害怕，我想要找爸爸，但他不在。內人說：「在那個畫面中，耶穌在哪裡？」

我環顧四周，就看見耶穌了，祂走到我身邊，對我說：「兒子，我不曾拋下你。」聽見祂這句話，我感到心靈整個改變了。內人帶領我作禱告，我饒恕了不在場的父親以後，立刻經歷到釋放，我感到有一邪靈離開。那邪靈被主的聲音和我的饒恕行動擊退了。從那天起，我不曾再被遺棄感所苦。那次假期真的非常愉快，是最美好的假期。

個人行動

1. 你是否曾經感覺被遺棄，感到失望或絕望？請描述那次的情況，是怎樣讓你產生被遺棄的感覺。

2. 求神使你回想起那情況是怎麼開始的，當你看見那情景時，尋找耶穌在哪裡。把耶穌所說或所做的寫下來。

3. 打電話給一個朋友，把你的領受唸給他聽。

4. 問那位朋友是否心裡同證這些領受是從主來的。

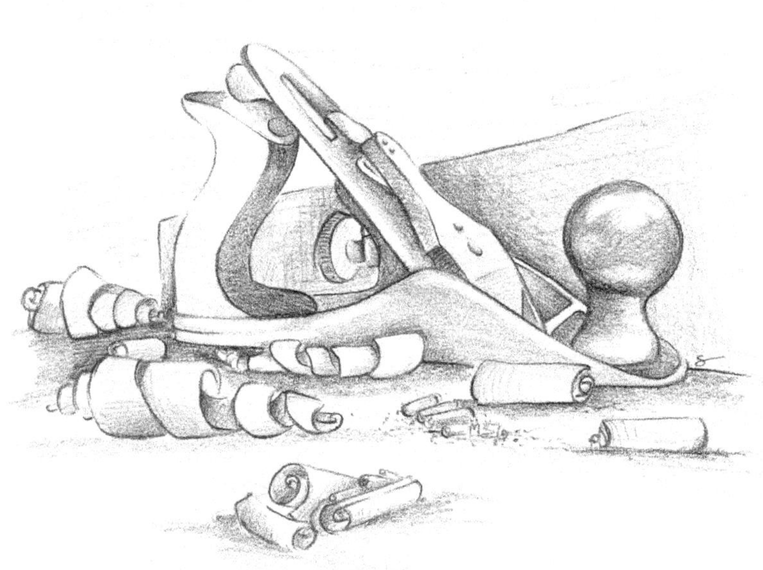

第10章
在工作中聆聽神的聲音

我在一家全球的電腦公司作策略師，這個職位要求我為世界各地的企業和政府提供資訊科技的策略。我的成功關鍵之一，在於聆聽天父聲音的能力。我把工作上碰到的問題帶到祂面前跟祂討論，祂賜給我點子和智慧，使我解決公司和我們客戶的問題。

我漸漸明白原來我對這個產業有一種獨特的直覺。在客戶向我提出問題之前的幾個月，我心裡就會開始覺察到有問題，知道需要一個答案。在這段預備期間，我會開始研究那問題，籌劃思想領導力研討會，以解決那漸漸逼近的問題。基於這類直覺而策劃的研討會已不知多少場，其結果，我得以建議IT經理用哪些新方法來解決問題，建議銷售代表如何創造銷售，又讓顧問們動起來。這直覺是出於神，祂賜給我智慧、方法和洞察力，因為祂呼召我將神的國帶到IT的世界。

研發企業的計畫也是我工作的內容，曾有一家公司問我，能不能幫他們公司擬計畫。從西岸返回的飛機上，我求問神可不可以和祂一同研擬這個計畫。企業的計畫包含六個部分：

1. 誰是你們的客戶？
2. 什麼是他們需要的？
3. 什麼是你們銷售的？
4. 如何交付你們的產品或服務？
5. 有什麼障礙阻止你們交付產品或服務？
6. 要怎樣獲利？

我在飛機上就著這六個部分逐一求問主，祂就對我說話，向我顯明這一家公司的主要問題在交付方法上；接著祂給我一些創意的點子，可以改變他們的交付程序。於是我完成企業計畫，去跟那家公司開會，把我認為在這六個領域上需要做的告訴他們。他們非常驚喜，立刻實施這計畫，結果看見他們公司的業務擴展了。

神並不怕企業或企業的問題，在聖經裡，神將蓋聖殿的具體建築設計賜給大衛王，又設計利未人在聖殿服事的組織架構。祂提供大衛作戰計畫，使他打敗敵人。基甸也領受具體的作戰策略，他所採用極富創意的作戰計畫是出於神的。基甸用這些策略和方法使他的軍隊貌似龐大軍團，大大迷惑敵軍陣

營，因而橫掃敵軍、大獲全勝。神曾提供這些人具體又實用的方法，一舉解決真正的問題。今天祂依然做這事。

有一回我在研發微處理器軟體，卻怎麼樣都行不通。我不知道哪裡出錯，就問我的上級，他也不知道，我困住了。這下問題嚴重了，因為寫這類軟體是我的工作。如果我不能解決這問題，可能會搞丟飯碗。於是我跪下將雙手按在我的電腦上，說：「神啊，這個問題必須在中午以前解決，我需要智慧。」我也不知道自己為什麼說必須在中午以前。總之我繼續寫程式，處理那問題，我開始意識到我不小心覆蓋了記憶體，這就像是靈光一閃，我立刻知道哪裡做錯了，也在中午前解決了問題。

在聖經裡有很多例子，那些人雖然不是宗教領袖，但神說他們具備獨特的屬靈才幹。但以理和約瑟都是公務員，兩人都展現傑出的行政管理恩賜。使徒保羅是帳棚製造與零售的專家，帶著這門手藝與恩賜到各處去。這些人都有傑出的表現，他們在各自的領域上是頂尖好手，而世人也都注意到。

優秀總是會受世人注意的。我相信這是為何耶穌鼓勵我們：「你們的光也當這樣照在人前，叫他們看見你們的好行為，便將榮耀歸給你們在天上的父。」[21]雖然這裡的「行為」包含慈善的行動在內，但這個字的希臘文 *"Ergo"* 也有工作或職業的意思。在職場上，我們的好行為會引起別人注意。而當

我們因為領受神的智慧而有好的工作表現時，神就得著榮耀。

我曾跟神談到這件事，這是祂賜給我的話：

兒子，

才幹往往需要知識來成全。教育對於發展才幹是非常重要的。當你去懷雅森（Ryerson）大學讀書時，你對於電子方面有直覺的知識，然而你在那裡的時候，你又用了針對這主題所顯明的知識來充實你的知識庫。

我可以啟發你去做任何事，但我用知識來做事。研究是你以資料充實認知能力的過程；少了這研究過程，就沒有種子可讓我啟迪靈感了。所以要閱讀、要理解，用知識充實你的頭腦，然後我會用它做基礎來改變這國家。在我的國度裡，我要我的子民在他們的領域上做到頂尖。

愛你的爸爸

神要我們按著本身的能力做到最好。祂想要啟迪我們、引導我們、幫助我們。在你的工作上要倚靠祂，祂必與你同行。

——個人行動——

如果你不曾為工作上的事或每天要做的事，向神祈求智慧，那麼我鼓勵你祈求，請跟我一起禱告：

1. 我要認罪悔改，因為我不曾為了所蒙的呼召向祢求賜智慧。我要求祢賜智慧與知識給我，使我得以做祢所交付給我的工作。
2. 把你在工作上面對的問題條列出來，也把你需要什麼智慧克服這些問題寫下來。
3. 為這些問題跟神求智慧與解答，然後把主對你說的話或做的事寫下來。
4. 打電話給一個朋友，把你的領受唸給他聽。
5. 問那位朋友是否心裡同證這些領受是從主來的。

第11章
你在國度裡的角色

讀聖經可知，耶穌非常關心神的國度而且常常講，提到了九十多次，在祂的優先順位中顯然是很高的。祂要我們了解祂的國度和我們在那國度裡的責任。祂已囑咐我們去使萬民作門徒，凡祂所吩咐的都教導他們遵守。我發現祂吩咐我們去做的事有八十多件，我有一種很深的責任感，覺得必須在我的職場上落實這些誡命。

我知道我蒙召去教導基督的肢體，聆聽神的聲音，與祂建立親密關係，並鼓勵肢體向祂祈求職場與生活上所需的智慧。我也知道我蒙召在職場上發光，將祂的國度帶到商業領域中。

我在管理一個顧問團隊時，我很清楚需要研發好的策略和服務，讓顧問有工作可做。我感到神給我的責任是提供這些工作機會，好讓那些人能賺錢養家。這份責任感是神呼召的一部分，就是藉著我的工作破除貧窮的勢力，為他人創造工作與財富。這與神呼召我傳講信息及帶領敬拜同樣重要，因此神也賜我智慧去做這方面的事。

我們需要認識我們的呼召、角色，以及如何脫去他人期待的枷鎖，奔向神為我們所立的命定。我們都擁有天賦的獨特恩賜，在這世上為神的國度發揮影響力。工作沒有分神聖和世俗，只有在祂國度裡的工作和角色。有些人相信只有傳道人蒙了神的呼召。這個錯誤的信念限制他們，使他們看不見神已賜予祂的百姓獨特的恩賜，要他們用出於神的智慧和洞見去解決這世界的種種問題。我們必須拋棄所有對於事奉的錯誤觀念，奔赴我們真實的呼召和在祂國度裡的角色。

讓我用一個在教會發生的事來說明這點，那次我分享的主題是進入商場的呼召，會後一位年紀比我稍長的弟兄上前來，含淚對我說，他一直覺得對他的工作懷有一份從神來的呼召感，但他的牧師卻告訴他，他的工作不是真正從神來的呼召，只是一份工作而已。我問他從事什麼工作。他說他在加拿大國際開發署工作。

此機構的使命和任務如下：[22]

> **我們的使命**
>
> 領導加拿大在國際間幫助生活在貧窮中的人。
>
> **我們的任務**
>
> 有效地、負責任地管理加拿大的支持與資源，以達

到有意義的永續結果，並致力於加拿大與國際間的政策發展，使加拿大能實現其開發目標。

他的工作是代表加拿大人民捐錢幫助世上的窮人。神指派他去做這個工作，這是一個美好的呼召，但他從來不曾感受到教會對這呼召的肯定。有比不會被貪污或貪婪所惑的信徒更適合做這工作的人嗎？

我們都有獨特的恩賜和才幹，神賜給我們是要我們在地上擴展祂的國度。我曾與主討論此一主題，祂這樣說：

兒子，

我賜給你的才幹和恩賜是要你投資的，投資可不輕鬆，是很花精力的；要花時間去了解如何投資，了解市場的風吹草動。才幹也是這樣；要花時間培養。熟能生巧是真的；不過，也不要認為你必須達到完美的巔峰。要開始運用你的才幹，你會越做越好的。

神想要提供我們獨特的直覺，好讓我們在蒙召的領域上解決真正的問題，將祂國度帶進去。我相信神正在尋找人貢獻發明和創新給這世界，以解決如生態環保、世界經濟、癌症等絕症的問題，甚至為能源提出解決之道，破除我們對於原油的倚

賴。我相信祂希望我們成為祂國度的一部分，將祂對這些問題的解答帶給世人。歐爾威爾・萊特（Orville Wright）曾寫道：「飛行的祕密怎麼能隱藏這麼久呢？」我們所有問題的答案都藏在神裡面；如果我們請求祂解開那些祕密，祂會解開的。

找到小兒麻痺治療方法的喬納・沙克（Jonas Salk）醫生，是因為感覺小兒麻痺疫苗希望被人發現，於是傾其所能努力去把它找出來。當我思想這段話時，我想到無數個病童的父母祈求神醫治他們的孩子。我相信神被這些祈禱感動而尋找一個人，好讓祂可以把解答給那人。祂給了喬納・沙克，他正在尋找解藥，從此這疾病被消除了。那些父母希望他們的孩子獲得醫治，但神希望所有的兒童都得著醫治。

今天主正在尋找那些願意為今天的問題來向祂祈求解答的人。祂鼓勵我們：「你們祈求，就給你們；尋找，就尋見；叩門，就給你們開門。」[23]你願意作那個人嗎？

個人行動

許多信徒不知道他們的呼召或角色是什麼，都是因為聖俗工作有別的錯誤觀念所致。如果你也曾經相信工作分神聖的和世俗的，那麼讓我鼓勵你為這錯誤的信念而悔改。請跟我一起禱告：

「天父，我曾經相信神並不呼召人從事所謂世俗的工作，那不是他們的首要呼召，這是錯誤的信念，我要為此悔改。」

為了幫助你釐清你真正的呼召是什麼，以下是一個簡單的練習，可幫助你誠實面對你在神國度中的角色。第一步就是把你喜歡做的事和你擅長做的事列出來。然後祈求主幫助你看見最能助你達成的角色或呼召是什麼。別忘了，神想要把我們心所願的賜給我們，包括維持生計的工作。

1. 把你的才幹和長處列出來。

2. 把你擅長做的事，讓你滿懷熱情去做的事列出來。

3. 對於哪些事你會有直覺和良知呢？請列出來。

4. 在一般日常活動上尋找這些問題的答案。你在神國度裡的角色涵蓋一般日常的活動。

5. 求問主：「從我喜歡做的事和我擅長做的事來看，最適合我的角色或呼召是什麼呢？」

6. 把神對你說的話寫下來。

7. 打電話給一個朋友，把你的領受唸給他聽。

8. 問那位朋友是否心裡同證這些領受是從主來的。

第12章
活在神的平安裡

前面幾章所描述的都是我的真實經歷，跟生命本身一樣真實。我活在兩個領域裡，我在這個世界裡坐著，同時也在隱密處。有人問我如何確定自己不被誤導。我確實有幾個安全防護，幫助我避免誤入歧途。

聖經說謀士眾多，人便得勝。[24]我們不是被造成獨行俠，自絕於基督身體之外。事實上，以為自己既然聽見神的聲音，別人的話都不需要聽了，是非常危險的。我們不是這樣子運作的。從神那裡聽到的每一句話其實都是預言，而預言必須由肢體來判斷。

為了落實這個真理，我把我的靈修日誌給內人看，我也給幾位我要向他們交代的弟兄看，他們都坦誠地表達意見，我十分受用。如果大家都說：「比爾，我可不認為那是出於神。」我也接受。有時我的這些謀士意見不一，我就得自己做決定，我選擇讓神的平安掌管我的心。我覺得下面幾個例子應該可以幫助你在這段靈程中學習聽見神的聲音。

信主不久，我的牧師就開始一項「事奉訓練」的計畫，其中包括用通訊上課的方式，選修聖經學校的課程。我覺得主對我說：「去修聖經學校的課，加入那計畫。」那時我不常聽見神的聲音，事實上，在我學習如何聽見神的聲音之前的十四年裡，大概只聽見神五次吧，我滿確定神對我說話，要我報名參加那計畫。

那計畫為我打下靈命的根基，我不但學到聖經的真理，也學習如何傳講信息。不過，我為是否辭去工作投入「事奉」，內心有一番天人交戰。同學們大部分都想要當牧師，但我不是很肯定我應該去作牧師。我很喜歡科技，八歲時我獲得生平第一項電子產品，大學時主修電子，出社會工作以來一直投身電子業。

問題出在我落在錯誤的信念之下，以為如果我真的想要服事神，就非得投入全職事奉不可。我聽到人說蒙召作牧師或宣教士，所以我就想只有這兩種角色可選擇。但我很喜歡我的工作；我很喜歡投身科技、工廠自動化和構建測試系統。我也很喜歡查考聖經和傳講信息。我不想錯失神對我一生的旨意，但我不知道如何在這兩個看似相對的興趣之間找到平衡點。

每個夏天我都很掙扎，到底要不要辭去工作，全職作聖經學校的學生。我有三名子女和妻子要養，但我心中對於辭職轉

去作全時間的學生，毫無平安，或可說沒有勇氣。有一年夏天，主跟我談這件事，那是我第一次聽見祂說話，祂說：

兒子，

你以為我那麼小，你得翻開石頭才找得到我的旨意嗎？我能清楚顯明你要去做的事。

愛你的爸爸

這對我而言是全新的啟示，我一直覺得要知道神想要什麼是很難的。但我突然知道該怎麼做了，我選擇做一份全時間的工作，同時以通訊方式讀聖經學校。從這次經驗中，我獲得聆聽神聲音的第一個真理：

真理1：神想要對我說話

過了幾年，我們有機會到一間教會講道，因為牧師離開了。當時那間教會叛離了我所屬的宗派，因為他們執意開拓這間教會，不顧宗派的反對，結果就是他們被要求離開宗派。那次講道後，他們請我們留下來作牧師，我很猶豫，因為那意味著我得離開我的宗派。我就到主面前求問：「這間教會是叛離宗派的啊！」我感到主對我說：

兒子，

他們叛離這件事不是你的問題，你的問題是，你願不願意去？

我感到主直接挑戰我：我所事奉的是祂還是宗派？我很難回答這個問題。我愛我的宗派——他們教導我、關心我；不過我還是說：「我事奉的是祢，主。」所以我們就搬到那社區去牧養那間教會。在那段期間，我仍然做我那份全職的工作。

近一年之後，內人和我應宗派的領導層之邀，參加一場聚會，接受我們服事的許可證。當我們開車去聚會的路上，我覺得有哪裡不對勁，但我不知道是什麼不對。我非常焦躁，想不出為什麼我會這樣，**我即將成為羽翼豐滿的傳道人了，為什麼這麼不開心呢？**內人和我一起禱告，主說：「……要叫基督的平安在你們心裡作主……」[25]

於是我們選擇掉頭，不去那聚會，我們立刻感到平安。那是幾個月以來我們第一次感到平安與亮光；彷彿肩頭上的重擔整個卸下。我都快忘了生活充滿喜樂是什麼滋味了。

這件事過了不久，我們教會的長老和我一起討論有關他們叛離權柄的真相，我問他們，當初開拓這間教會時，心裡所想的是什麼。他們說，他們心中有叛逆。於是他們就悔改了。後來他們以投票表決的方式，決定關閉這間教會。我與教會的長

老們、宗派和政府一起關閉這間教會，在整個過程中，我聽到神告訴我另一個相關的真理。

真理2：神的平安是我們所聽見和所感受之事的裁判

如果你心中沒有平安，那麼你所聽見的聲音大概不是從神來的。有時我們確實必須做出艱難的決定。有時所得到的答案不是那麼清楚，這時我們需要倚靠神的平安，讓祂來掌管。

個人行動

1. 你是否感覺生命中出現一個問題或情況，把你的平安奪走？請寫下那件事。

2. 將你內心的焦點專注於神，跟祂討論那件事。

3. 把耶穌所說或所做的事寫下來。

4. 打電話給一個朋友，把你的領受唸給他聽。

5. 問那位朋友是否心裡同證這些領受是從主來的。

第 13 章
管教

到目前為止，我在這本書所舉的聽見神聲音的例子，都是積極鼓舞的。為人父母有責任引導和指示子女，聖經說：「……耶和華所愛的，祂必責備……」[26]主偶爾也管教我，關於這部分，讓我分享幾個例子。

有一天我的兒子和他的朋友在我們家地下室玩電動，一不小心將一個Wii搖控器丟向50吋的電視，螢幕立刻裂了，中央被擊出一個寬約2呎、像蜘蛛網的裂痕。我很生氣。那臺電視還勉強用了一年多，期間我對兒子和他的朋友的論斷日益加深，我斷定他們是莽莽撞撞。神告訴我們：「你們不要論斷人，免得你們被論斷。因為你們怎樣論斷人，也必怎樣被論斷……」[27]很快我就會親自體會這節經文的意思了。

一年後我換一臺新電視，而且要把新的電視掛在牆上，我真的很怕這臺新電視不小心被兒子和他的朋友用Wii遙控器一丟，又給打破，所以我打算在前面做一個保護螢幕。施工過程中，我讓一支天花板支架不小心掉到電視機上，新螢幕被刮到。我做事實在是莽撞，竟然也沒有把螢幕蓋起來。我論斷我的兒子，自己卻也成了那種人。刮傷螢幕這件事令我懊惱不已，覺得自己像個傻瓜，我來到主面前禱告，祂說：

兒子，

你必須先從原諒你兒子的粗心大意做起，但是你已經收穫你自己所栽種的，你論斷他粗心大意，你自己也一樣。兒子，你要悔改、要饒恕，儘管那樣並不能使電視螢幕修復，那道小刮痕將一直提醒你不要論斷別人，不要懷著不肯饒恕的心。把這件事當作一個恩典。如果你用一臺電視的代價學會了絕對不要論斷人，那是個小小的代價。當你又開始擔心你的東西會被弄壞，就要來到我這裡祈求保護。你要原諒你的孩子，要對他們會尊重和保護你的東西存有期待。現在你要在這門功課中安息，是很心痛沒錯，但是會過去的，管教後的甜美果實將永遠彰顯在你生命中。

在那段管教期間，我看到主直視著我，我看到祂嘴唇在動，帶我作饒恕的禱告和內在醫治的禱告。

有時主在異夢中勸誡我。勸誡跟管教不同；勸誡是強烈的鼓勵，如果不遵行的話，可能導致嚴重後果。有次我夢到我接下莎士比亞戲劇《馬克白》的主角，我雖不知道戲劇內容，但我自信能扮演好這個角色。

演出那天，我遲到了，穿上戲服以後，導演給了我一張五百元的支票，直到那一刻我才明白我根本不知道這齣戲的內容，我沒有背臺詞，沒有排練，甚至連讀劇都沒辦法，因為那些古老的英語對我很陌生。我驚醒過來，立刻求問主：「這夢是什麼意思？」祂說：

兒子，

這是一個先知性的警告，提醒你務必先了解和練習，才能舉行你的研討會。如果不這樣，你作為一個稱職演講者的好名聲可能毀於一旦。你必須對你要舉行的研討會有充分了解，不是別人的而是你的名聲處於危險中。千萬別讓別人來指使你怎樣照他們的報告去說，務必自己寫講稿，熟悉你的資料，多加練習，然後才上臺演講。

愛你的爸爸

這個夢和解釋對我那一週特別貼切。我們公司有八個新的座談要我主講，他們也希望我訓練加拿大的全部銷售人員，如何主持這些研討會。雖然有壓力要我照他們寫的稿子來演講，但那不是好點子，因為那些講稿並沒有用我覺得自在的方式傳達出產品和服務的價值。由於作了那個夢，我就花很多時間學習這些新資料，然後自己寫講稿，琢磨出我上臺演講時會感到最自信的內容，結果我不但能訓練整個銷售人員，而且效果更顯著。

主希望我們的生命充滿平安喜樂，不過，我們常因犯錯而丟失了平安喜樂。神要糾正我們，幫助我們看見犯錯的地方在哪裡，並且好好地處理。祂會經常對我們說話，只要我們肯聽。你可曾感到不安而相信你必有什麼地方做錯了？這通常是神要引起我們注意的時候。在以下的個人行動中，我鼓勵你誠實地告訴神你有這樣的感覺，然後求問祂，讓祂來對你說話。

—— 個人行動 ——

1. 把任何可能做錯事而令你不安的感覺寫下來。

2. 集中心靈的焦點注視主，把你的感覺說給祂聽，求問祂：「為什麼我會有這種感覺？我該怎麼做才能擺脫這種感覺，重獲自由？」

3. 把主對你說的話寫下來。罪是非常隱私的事，因此我建議你使用代碼來描述具體的罪行，如此可保護你自己，萬一有別人看到你的日誌的話。

4. 神若向你顯明任何事，容我鼓勵你要為那些事悔改。

第14章
結論

這本書是我與主同行的歷程和個人隱密處的手記。我不知道那隱密處在哪裡，但是當我帶領敬拜時，經常望見那裡，我看到耶穌在那裡，儘管我是在物質領域中帶領敬拜，但也常常同時在天堂的領域敬拜神。現在我更常同時站在這兩個領域中，有一次當我帶領敬拜時，看到天使下來，站在農舍前，有些天使帶著戶外椅，穿著各色衣服，彼此交談。我在物質領域中開始帶領敬拜時，他們也加入，與我們一同歌唱舞蹈。

我的隱密處不太可能會跟你的一樣，請勿尋找一模一樣的地方。要把你眼目的焦點放在那為你信心創始成終的耶穌身上，而不是專注在物質領域的一個地方。如果祂想要向你顯明更多，請讓祂來做，但是你不要自己去探索更多。然而，如果祂真的擴張異象，如同展開我的異象那樣，你也不要驚訝。當主在地上時，常用比喻來描述一個真理，幫助我們更了解祂的國度。主之所以帶我到隱密處的各個地方去，我發現每一個地方都是為了要強化一個真理，就像祂用比喻一樣，為的是要告訴我那個真理。

過去這十八年以來，我從主那裡聽到而寫下來的話也有上萬字了。在本書中，我只描述一點點經歷而已。信心與智慧來自祂所說的話。隨著祂把所寫和所說的話語，與真實人生處境交織在一起，我發現智慧是經過一段時間慢慢培養的。要了解祂的智慧需要花時間，而我發現，在只有你與主同在的隱密處，智慧生長而被運用到我們的生活中。

結束之前，讓我把這最後一個想法留給你。我們所聽見和所經歷之事的總檢驗，就是神的平安是否在我們心中作主。有時候主帶領我們走過的路十分痛苦；有時是有意管教我們。然而，祂的平安是最後的總檢驗，我們需要讓平安掌管我們的心。盼望這本書能鼓勵你更親密地認識主，在你自己的隱密處，與祂培養更深的關係。

愛你的比爾 敬上

第14章 —— 結論

附錄A
如何聽神的聲音

聽見神的聲音很簡單，既然你翻開這附錄來讀，或許你不大相信那很簡單。首先，我們需要擁抱一個簡單的真理：神想要對你說話。

有些人害怕向神尋求屬靈解答——怕他們不配，怕神可能會說什麼，怕祂會懲罰。真理是，神是很大的。耶穌說：「（你們中間誰有兒子）求魚，（你）反給他蛇呢？你們雖然不好，尚且知道拿好東西給兒女，何況你們在天上的父，豈不更把好東西給求祂的人嗎？」[28]祂邀請我們來求問祂。別人害怕受騙，我鼓勵你對神多點信心，比起撒但欺哄你的力量，神對你說話的能力更大。我們必須相信神會對我們說話的。

聖經描寫聽見神的聲音的過程，大衛王、眾先知、耶穌和門徒都很清楚地聽見神的聲音，也曾活在持續與天父溝通的狀態中。聽見神聲音的環境確實因人而異，耶穌會遠離群眾，單獨與神相會。為了聽見神的聲音，大衛王通常會到聖殿裡坐在耶和華神面前，以利沙會叫一名樂師來彈奏音樂。儘管各有各的環境，但都包含以下四個聽見神聲音的步驟，包括：

1. 認得神在我們心中或在思想意念中對我們說話的聲音。
2. 選擇去聽、聆聽、看見，他們遠離人群，到一處安靜的地方。
3. 以心靈的眼睛注視神，尋求異象並聆聽祂流動的思想意念。
4. 把他們所見或所聽的寫下來，跟別人分享。

神在我們的思想意念中對我們說話，那些思想可能是話語或是圖像，總之，那不是惟一的方式。就像我們肉體有五種感官，靈性也有，神能使用任何一種感官對我們說話。為了學習的緣故，讓我們先從基礎開始，來看聖經記載大衛王和先知哈巴谷怎樣聽見神的聲音。

大衛提供我們一個聽見神聲音的最佳實例。他拿他興建聖殿的心願求問神，神給他非常具體的指示。讓我們來看他是如何聽見神的聲音：

大衛王就站起來，說：「我的弟兄，我的百姓啊，

你們當聽我言，我心裡本想建造殿宇，安放耶和華的約櫃……」大衛將殿的遊廊、旁屋、府庫、樓房、內殿，和施恩所的樣式指示他兒子所羅門，又將被靈感動所得的樣式，就是耶和華神殿的院子、周圍的房屋、殿的府庫，和聖物府庫的一切樣式都指示他；又指示他祭司和利未人的班次與耶和華殿裡各樣的工作，並耶和華殿裡一切器皿的樣式，以及各樣應用金器的分兩和各樣應用銀器的分兩……並用金子做基路伯；基路伯張開翅膀，遮掩耶和華的約櫃。大衛說：「這一切工作的樣式都是耶和華用手劃出來使我明白的。」[29]

由上述經文可見大衛遵循四個步驟聽見神聲音。

1. 大衛知道神在他心思意念中對他說話。
2. 大衛決定求問神關於興建聖殿的事，就到神面前安靜他的心。
3. 大衛調整自己的心思進入神聲音之流，神開始對他說話。神將意念思想放在大衛腦海中，祂告訴大衛這聖殿應該怎麼蓋。祂決定如何組織這興建計畫，聖殿外觀如何，以及內部的每一樣金器、銀器總共要用掉多少金子和銀子。

4. 大衛把神顯明給他的計畫全部寫下來，交給他兒子所羅門去興建。

當我讀到大衛的這段經歷時，對於神所賜的啟示竟詳細到這種程度，感到十分訝異。這整個計畫是精確的，而且涵蓋所有。過程並不複雜，大衛王單單求問神，聽見神在他心思意念中說話，指示他當做什麼，他就把所領受的寫下來。

我也想學習如何聆聽神為我訂的計畫，並且記下來。我就去某教會找一個會說預言的弟兄，我問他怎麼知道神在對他說話，他說「你就是知道神在對你說話」。我心想，**幫我好大一個忙啊你**。其實我還是不知如何聽見神的聲音，但是大衛王的方式如此簡單，他只是向神傾心吐意，神就把具體的想法擺在他腦海中。有比這更簡單的嗎？我想是沒有吧！

先知哈巴谷也聽見神的聲音，如同大衛王的方式，他把他的經歷記錄下來，他說：

> 我要站在守望所，立在望樓上觀看，看耶和華對我說什麼話，我可用什麼話向祂訴冤。祂對我說：將這默示明明地寫在版上，使讀的人容易讀。[30]

我又從以上經文看見四個步驟：

1. 哈巴谷知道神在他心思意念中對他說話。
2. 哈巴谷為了聆聽從神來的聲音，就選擇到一個遠離人群的地方獨處。他爬上望樓，站在守望所，為要聆聽神。這一步非常重要。我們必須安靜才能聽見神，神不會用吼叫的方式對我們說話，祂在我們腦海中用安靜的聲音說話。
3. 哈巴谷要看神對他說什麼。神用言語和畫面對我們說話；祂常會賜給我們畫面，因為那比較快。有句話說：「一幅畫勝過千言萬語。」真的是這樣。哈巴谷調整自己的心思進入思想和畫面之串流（啟示）中。
4. 哈巴谷把所領受的寫下來。

我發現神一點都不趕時間，祂會慢慢說，讓我有充裕的時間把祂正在說的話寫下來。有時候祂一次只給我一個字，好讓我能邊寫邊聽祂講。

耶穌說我們必須回轉像小孩，才能夠進入祂的國度。小孩子跟年紀比較大的孩子很不一樣，小孩子相信爸爸說的話，他們相信爸爸什麼都知道，他們相信爸爸什麼都能做。小孩子在聽爸媽讀故事的時候，很容易運用想像力。對我們來說，要進入神的國且持續聽見神說話，就必須回轉重新恢復這些信念和能力。

有些人相信任何人運用想像力將心靈眼睛聚焦於主身上，都是錯的，認為那說不定是新世紀運動、甚至是拜偶像。希伯來文的**默想**含有想像的意思。我們要拋棄一個謬誤信念就是，默想主的時候不能運用想像力。我們需要認定神所造的都是好的，並且神能夠使用我們那部分的心思來與我們溝通。

有些人相信神已不再對任何人直接說話了。他們相信這種溝通已經隨著使徒離世而過去了。這不是真的。神並未改變，祂一樣喜愛跟我們——祂的兒女溝通，我們需要破除那種謬誤的信念。

—— 個人行動 ——

真理是，神要對你說話，並且祂已經使這件事很容易做得到。就讓我們從學習如何聽見神的聲音做起吧！

絕大多數人都有個經歷，就是心中唱起一首歌，然後我們發現自己會隨著哼唱。試試看在你腦海中唱〈生日快樂歌〉。

能夠這樣做的話，請在方框內打勾：☐

「祝你生日快樂，祝你生日快樂，祝你生日快樂，祝你生日快樂。」

一直在心中唱這首歌，直到你能很容易做到為止。神就是在我們腦海的這裡對我們說話，神對我們說話就像一道思想意念的江河。

人常說小孩子有活潑的想像力。當你年紀很小的時候，媽媽或爸爸讀故事給你聽，你是不是會一邊聽，一邊發揮想像力呢？我還記得家母讀《神祕島》（The Mysterious Island）小說給我聽的情景，每天中午放學回家後，她會讀一章給我聽，我好愛聽，我可以看見朱爾・凡爾納（Jules Verne）筆下的尼摩船長和鸚鵡螺和那些巨獸。

神也使用異象對我們說話，異象說穿了就是祂給我們的圖像，祂經常運用圖像，因為用一張圖就能傳達很多訊息。要開始看見異象，首先你得知道要看哪裡。在你的腦海裡有一個想像力的螢幕，當我們想像畫面和景象時就是用這個螢幕。我們運用心思意念來創造畫面。而當神賜給我們異象時，用的也是這個螢幕。不同在於畫圖者是祂，我們的心思意念並沒有參與創作。

來做個練習吧，練習使用你的想像力螢幕。我要請你想像你的家。請你可以看到以下每一個畫面時，就在方框裡打勾。

1. 想像你住的家。 ☐
2. 你從前門走進去。 ☐
3. 你走到廚房裡。 ☐
4. 你打開冰箱。 ☐
5. 找蘋果。 ☐
6. 挑了一顆青蘋果。 ☐
7. 咬一口。 ☐

剛才你用了你的想像力螢幕。神已經給我們這個使新觀念逐漸成形的能力。剛開始你可能覺得想像彩色畫面有點困難，但請你繼續練習，會越來越容易的。

現在我們知道要在哪裡看和聽了，接著讓我們嘗試聽見神的聲音。一開始要把心靈的眼睛專注在我們信心的創始者耶穌身上。做法很簡單，只要想像一個聖經故事。小孩子很喜歡想像一個故事，我希望你變成像小孩子一樣，想像以下這個耶穌與門徒的故事（約翰福音二十一章的意譯）：

耶穌望向加利利海，祂站在青翠的山丘上，海風吹過青草也吹拂著祂的白衣袍和頭髮。祂想要跟祂的門徒會面，那天一早門徒就出去捕魚了。耶穌知道他們這幾天很不平靜，所以祂計畫為門徒預備早餐。祂有幾條魚和麵包，然後祂朝岸邊走去。你可以聽見波浪拍打岸邊的聲音。祂生了火，烤了魚，一邊取暖，一邊等待門徒回航。

當門徒的船逐漸靠近岸邊時，遠遠看見岸上有一名男子，但他們沒認出祂是誰。耶穌叫他們，問說：「你們有捕到魚嗎？」

他們回答：「沒有。」

祂又對他們呼喊說：「把網下到船的另一邊。」門徒就照著做，有一大群魚跳進網裡，這一網滿滿是魚，魚鱗在陽光下閃閃發亮，魚群爭先恐後地躍入網中，水面激盪波動。拿但業滿臉驚訝地看著彼得。門徒捕到一大網魚，重到無法拉到船裡面來。

彼得的目光從魚轉向岸上的那人，約翰說：「是主。」彼得立刻把外衣束在腰上，跳進水裡，朝岸邊游去。彼得跑到耶穌跟前，面伏地跪下。耶穌開始對他說話。過一會兒，彼得去幫忙其他門徒把那一網魚拖上來，耶穌回到火堆旁坐下。

1. 現在你過去坐在耶穌旁邊，看著祂的面容。花一些時間坐在那裡注視祂。過一陣子之後，問祂這個問題：「祢愛我嗎？」
2. 把耶穌對你說的或做的寫下來。

你剛才已經聽到主的聲音了。我給你的這個問題只有一個答案：「是的。」然而，我想要你經歷的是，主如何對你說「是的」。絕大多數的例子都是以非常個別的方式說的。

你所想像的故事是用來讓你的眼睛專注在神身上，專注於聖經的話語。這故事用來幫助你從聖經的話語轉到神說出的話。讓我們再多做一些聽見和看見的練習。

3. 現在請你回到剛才耶穌坐在火堆旁的畫面，再次注視著祂。問祂：「請再跟我多講一些。」
4. 把耶穌對你說的或做的寫下來。

你剛才聽見神的聲音，你已經遵照這四個步驟去做了：

1. 你認得神在你腦海中對你說話的聲音。
2. 你用想像聖經故事讓你的心安靜下來。
3. 你將你心靈的眼目和耳朵專注在主身上，調整心思進入神思想之流裡。
4. 你把所領受的寫下來。

耶穌希望與你面對面相遇。祂不受時間或空間的限制。因為依據大衛王的經歷，祂會在你的腦海／心中與你會面，那是屬靈連結的領域。

讓我們做最後一個練習。請回到你看到耶穌的火堆旁，再次注視祂。

5. 問祂這個問題：「今天祢想對我說什麼嗎？」
6. 把耶穌對你說的或做的寫下來。
7. 打電話給一個朋友，告訴他你正在練習聽見神的聲音。把你聽見耶穌說了或做了什麼說給他聽，問他覺不覺得你的領受是出於神。

把我們從神領受的話寫下來之後，為了確保那些話是出於神的，可以檢驗一下：

1. 首先，可以用聖經來檢驗，神對你說的話必不與聖經的話牴觸。
2. 其次，可以用我們天父的神性來檢驗：神是愛，神是仁慈的，神是滿有憐憫的。神不會説嚴苛、傷人或嘲諷的話。凡是真實的預言都是造就人的、鼓勵人的、安慰人的。

3. 第三，可以用神的名字來檢驗。神必不與自己的名字牴觸，以下舉一些名字：
   - 耶和華以羅欣（Jehovah Elohim）——耶和華是神
   - 耶和華尼西（Jehovah Nissi）——耶和華是我的旌旗
   - 耶和華拉法（Jehovah Rophi）——耶和華是醫治我的
   - 耶和華以勒（Jehovah Jireh）——耶和華必預備
   - 耶和華齊根努（Jehovah Tzadekenu）——耶和華是我們的義
   - 耶和華沙龍（Jehovah Shalom）——耶和華賜平安給人
   - 耶和華路以（Jehovah Rohi）——耶和華是我的牧者
   - 耶和華沙瑪（Jehovah Shammah）——耶和華在這裡（耶和華的所在）
4. 可以透過別人來檢驗。基督的身體可以見證真實的話語。一個保證安全的做法是，找一個你信得過的人，請那人坦誠告訴你意見。

既然你已經聽見神的聲音了，讓我邀請你回頭看這本書，繼續你與祂的旅程。請把握這個機會與祂談話，聽見祂為你一生所定的旨意。

附錄B
如何更親近神

也許你很希望自己與神的關係更深入。或者，你想要確定你死後會不會上天堂。可能你很喜歡這本書所寫的歷程，也渴望能夠親身體驗類似的經歷。好消息是，你可以的！怎麼做呢？請看下去……

聖經教導說神渴望與你分享祂的愛。在伊甸園，神在傍晚天涼時與亞當和夏娃同行、交談。神也想要跟我們每一位個別同行交談，祂很想每天跟我們分享祂的愛，每天聽我們訴說心事。祂是創造我們又托住我們的神，祂比我們更清楚我們需要什麼，甚至在我們祈求之前祂就回答我們的問題了。

當罪進入亞當和夏娃的生活，奪去祂與他們的關係，祂的心碎了。那誘惑者引誘亞當和夏娃像神一樣自己活著，而不再是享受神的生命流貫到他們裡面。亞當和夏娃選擇注視自我，而非越過自我去看那美好的賜予生命者，因此切斷了神在他們裡面的生命之流。

所以神差祂的兒子，拿撒勒人耶穌，成為人的樣式，除去隔絕人心與神心的罪。神成為人進入世界，因此得以將全世界的罪都背負起來，承受這隔絕的懲罰，就是讓祂的兒子耶穌基督暫時與祂隔絕。這就是為什麼耶穌在十架上垂死之際呼喊：「我的神，我的神，為什麼離棄我？」然而，因著父神暫時離棄祂的兒子，使你我重新獲得機會，重現伊甸園的經歷，再一次與全能神同行交談。我們再一次與祂在天涼時分同行，跟祂分享生活點滴，也讓神與我們分享祂的生命。

因此我們跟神的關係得以提升，我們可以確定，因著接受耶穌為我們的罪而犧牲生命，將來我們會上天堂的。這些步驟很清楚地陳明在聖經裡。

得救的步驟如下：

1. 承認在你生命中有罪：「因為世人都犯了罪，虧缺了神的榮耀。」（羅馬書三章23節）
2. 為罪悔改並歸向神：「所以，你們當悔改歸正，使你們的罪得以塗抹。」（使徒行傳三章19節）
3. 承認耶穌是主：「你若口裡認耶穌為主，心裡信神叫祂從死裡復活，就必得救。」（羅馬書十章9節）
4. 棄絕你的罪：「惡人當離棄自己的道路；不義的人當除掉自己的意念。歸向耶和華……因為神必廣行

赦免。」（以賽亞書五十五章7節）

5. 信靠耶穌作你生命的主和救主：「神愛世人，甚至將祂的獨生子賜給他們，叫一切信祂的，不致滅亡，反得永生。」（約翰福音三章16節）
6. 接受：邀請耶穌進入你心中：「祂到自己的地方來，自己的人倒不接待祂。凡接待祂的，就是信祂名的人，祂就賜他們權柄作神的兒女。」（約翰福音一章11～12節）
7. 經歷聖靈在你心中：「……叫耶穌從死裡復活者的靈若住在你們心裡，那叫基督耶穌從死裡復活的，也必藉著住在你們心裡的聖靈，使你們必死的身體又活過來。」（羅馬書八章11節）

回應的禱告

如果你想要更親近神，與祂關係更緊密，如果你希望明確地知道離世後必進入天堂，那麼請向神獻上這個禱告，請你打從心底說出來，大聲地慢慢說，有意義地說，保持你的心敞開，體會從神來的畫面、言語和情感流入你心中。

「寶貴的聖靈，當我向神獻上這個禱告時，求祢在我心

中動工。

神啊，我奉祢的兒子，主耶穌基督的名來到祢面前，我承認我犯了罪，在許多方面虧欠了祢。我為我的罪悔改並請求耶穌基督的血潔淨我所有的罪。我領受這潔淨，就在此刻當祢充滿我心的時候。我開口承認耶穌基督是神的兒子、是我生命的主。耶穌，請祢在我心中和生命中居首位。

我相信神使耶穌從死裡復活，今天祂活在我心中。我棄絕我過去隱藏的一切邪惡行為和思想，今天我要將生命交給耶穌。耶穌，求祢以祢的方式和祢的思想充滿我的心、我的意念，求祢在我心裡也在我的靈裡啟動改變更新的工作。

因著信靠耶穌和祂在我裡面的生命，我有把握在天堂必有我在神面前的位子。今天我領受了永遠的生命。主耶穌基督，感謝祢。現在我將自己完全交在你手中，讓聖靈在我靈裡面運行。聖靈啊，請讓我的心真實感受到祢的引領。願祢為我封存今天這個禱告。」

現在請在神和祂的聖靈面前安靜等候幾分鐘，看看你心裡感受到什麼。舉目仰望耶穌，並謙卑地領受祂的生命進到你裡面。

寫今天的日誌，把今天的日期，以及你在作以上禱告時，心靈所領受的任何印象或感動記下來。

跨出你成為基督徒的第一步

如果剛才你作了以上禱告，我邀請你去取得一本聖經來開始讀，先從馬太福音讀起。英文聖經的話，我推薦你下載免費的聖經軟體e-Sword，網址是e-sword.net。它有免費的訓練影片，也有很多聖經翻譯版本，讓你開始默想經文。（中文讀者可使用手機或電腦下載YouVersion，網址是：https://www.youversion.com/）我也推薦一本書《Basics in 21 Days》，網址是www.cwgministries.org/store/basics-21-days。它教你如何在你成為基督徒的頭幾個禮拜內，就開始自然地活在超自然領域裡。

關於如何聽見神的聲音，或是學習如何隨從神的引導，想進一步了解的話，請聯絡：

Communion with God Ministries

www.cwgministries.org

CWG Fulfillment Center, 3792 Broadway st., Buffalo, NY 14227

Email：mark@cluonline.com

電話：1-800-466-6961 or 716-681-4896

傳真：716-685-3908

附注

1. 詩篇九十一篇1節
2. 約翰福音十章27節
3. 詩篇九十一篇1節
4. 羅馬書五章8節
5. 馬可福音十二章30節
6. 詩篇三十七篇4節
7. www.youtube.com “Reclaim 7 Mountains of Culture”
8. 腓立比書四章6節
9. 羅馬書十章17節
10. 哥林多後書十章5節
11. 腓立比書四章6～7節
12. 維基百科
13. 雅各書一章5節
14. 希伯來書十二章22～24節
15. 詩篇三十四篇7節
16. 約翰福音十四章6節
17. 馬可福音十四章36節
18. 約翰福音十四章26節

19. 馬太福音十六章19節
20. 尼希米記一章11節
21. 馬太福音五章16節
22. www.acdi-cida.gc.ca
23. 馬太福音七章7節
24. 箴言二十四章6節
25. 歌羅西書三章15節
26. 箴言三章11～12節
27. 馬太福音七章1～2節
28. 馬太福音七章10～11節
29. 歷代志上二十八章2、11～14、18～19節
30. 哈巴谷書二章1～2節

作者簡介

比爾與蘇珊・杜浦雷（Bill and Susan Dupley）

比爾與蘇珊已事奉神超過二十五年，他們傳講信息和帶領敬拜，足跡遍布五大洲。他們的靈命更新事奉包括教導成人與兒童如何聽見神的聲音，他們相信超自然之事應該對每個信徒都很自然才是，並且每一個信徒皆能為神的國度去影響周遭世界，只要他們聽見神的心意並遵從神的引導。

比爾與蘇珊的母會是多倫多Catch the Fire教會（原多倫多機場教會），他們在那裡帶領敬拜，並將「多倫多祝福」帶給神的大家庭。他們合著《兒童更新》（Kids in Renewal，書名暫譯），這是一本充滿活力的兒童主日學教材，由Strang出版社出版，教導兒童認識天父對他們的心，如何聽見祂的聲音，如何領受與分賜屬靈的恩賜。

比爾與蘇珊是「與神相交事工」（Communion with God Ministries）的合格導師，在Catch the Fire教會、差傳節（Mission Fest）、釋放生命者（Releasers of Life）、彩虹事工（Iris Ministries），以及北美、非洲、澳洲、歐洲和亞洲各地主領聚會。他們的熱情是要看見神的大家庭都認識他們的天父、聽見祂的聲音，好讓各人充分地發揮恩賜並活出耶穌為他們買贖回來的自由。

比爾與蘇珊是在1976年歸入主名下，從那時到如今，主引導他們走過職場生涯，使他們在工作和服事上都經歷神的祝福。

比爾目前自己創立顧問公司，專長IT策略規劃。蘇珊是護士。蘇珊畢業於多倫多大學，主修護理學，比爾畢業於懷雅森（Ryerson）大學，主修電子科技。比爾與蘇珊與Catch the Fire教會和「與神相交事工」配搭事奉。

The Secret Place

Chinese Edition Second edition 2017
Chinese Edition First edition 2015
English Second Edition 2013
English First Edition 2011

ISBN:978-1-4600-0534-7
LSI Edition:978-1-4600-0535-4
E-book ISBN:978-1-4600-0536-1

(E-book available from KOBO and the Apple iBookstore)
Artwork by Heather Sinnott and Nancy Young
Father & Son photo by Trayc Dudgeon
www.photobytrayc.ca

Cataloging data available from Library and Archives Canada

For more information, please contact:
William Dupley
the.secret.place@rogers.com
www.thesecretplace.ca
www.essencebookstore.com

Kingdom Heart Publishing
Carlisle, Ontario, Canada

造就叢書

隱密處

作　　者／杜浦雷（William J. Dupley）
譯　　者／劉如菁
譯　　審／謝君惠、陳潔鈺
執行編輯／鄧沛珍
文字編輯／鄭斐如、李懷文
美術編輯／魏樂真
發 行 人／丁懷箴
出　　版／天恩出版社
10455臺北市中山區松江路23號10樓
郵撥帳號：10162377 天恩出版社
電　　話：（02）2515-3551
傳　　真：（02）2503-5978
網　　址：http://www.graceph.com
E-mail：grace@graceph.com
登 記 證／局版臺業字第3247號
出版日期／2017年8月初版
年　　度／24 23 22 21 20 19 18 17
刷　　次／08 07 06 05 04 03 02 01
ISBN 978-1-4600-0534-7

www.ingramcontent.com/pod-product-compliance
Ingram Content Group UK Ltd.
Pitfield, Milton Keynes, MK11 3LW, UK
UKHW020140250726
13967UKWH00002B/783

9 781460 005354